お金を稼ぐキャッチコピーが
スラスラ書けるようになる！

バズる1行

中山マコト
Makoto Nakayama

SOGO HOREI PUBLISHING CO., LTD

はじめに

「私、失敗しないので」。

人気テレビドラマ『ドクターX　～外科医・大門未知子～』のなかで、米倉涼子さん演じる主人公・大門未知子が使う決めゼリフです。

使い勝手の良さも手伝い、ものすごく流行りました。その勢いは今も衰えません。『ドクターX』の快進撃は、このフレーズとともにあったと言っても過言ではないでしょう。

「米倉涼子さん＝ドクターX＝『私、失敗しないので』」という図式を完全につくりあげてしまいました。脚本の中園ミホさん、お見事だと思います。

本文で詳しくお話ししますが、成功する人や企業には、ほぼ間違いなく、こうした「強烈な力を発揮するフレーズ」「世の中を一気に駆け抜けるフレーズ」があります。

それを私は、「バズるフレーズ」、すなわち「バズフレーズ」と名づけました。

そもそも「バズる」とは、どのような意味なのでしょうか？　今さらですが、確認してみましょう。


〈バズる〉

短期間で爆発的に話題が広がり、多くの人の耳目や注目を集め、巷(ちまた)を席巻すること、といった意味で用いられる言い回し。主にインターネット上におけるソーシャルメディア等を通じた拡散などについて用いられる。

出所『実用日本語表現辞典』

つまり、「バズる」とは、「爆発的な拡散力を持った言葉」と言うことができます。

バズフレーズを持つと……、目立つ、広がる、売れていく。

そう、バズフレーズはあなたを支えてくれる大いなる武器になるのです。


本書では、そのバズフレーズを生み出すための簡単なテクニックと、さらに威力のある「ハイパー・バズフレーズ」を誰でも生み出すことができる方法を教えていきます。

ぜひ身につけていただき、あなたのビジネスを質・量ともに急上昇させてください。

それでは、バズフレーズ劇場の始まりです。

バズる1行　目次

CONTENTS

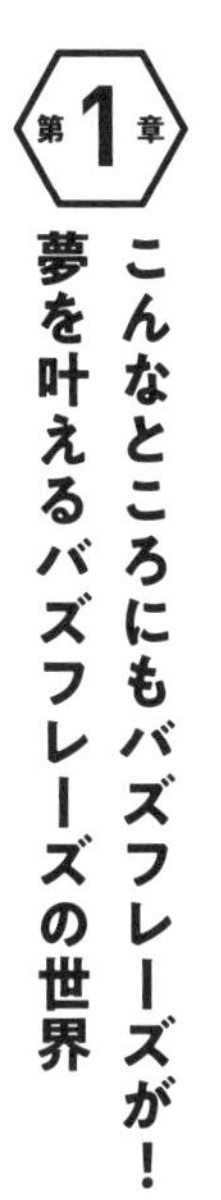

第1章 こんなところにもバズフレーズが! 夢を叶えるバズフレーズの世界

第2章 あなたも簡単にバズフレーズを生み出せる「バズライティング」7つの技術

CONTENTS

第3章 さっそく「バズフレーズ」を使ってみよう

CONTENTS

第4章 さらに上を行く、ハイパー・バズフレーズとは？

第5章 ハイパー・バズフレーズのつくり方、10の法則

CONTENTS

バズフレーズをつくるための簡単エクササイズ

序章

世の中を変えた
バズフレーズ

世の中にはたくさんのバズフレーズがあります。

あなたが普段何気なく見たり聞いたりしている言葉が、知らず知らずのうちに世の中を動かしていることがあります。

また、世の中を変えないまでも、あなたやあなたの会社・店舗の評価を一気に変えるチカラを持っている言葉があるのです。

私は長年言葉の世界で生きるなかで、そうした「人の気持ちを一気に動かす言葉」にたくさん触れてきました。また研究もしてきました。そして、その威力を実感してきました。

残念ながら、世間では、こうした「言葉のチカラ」というものは、広告制作に携わる人々やメディア関係者、本などを執筆する人々といった、ある意味で特殊な業界にいる人たちだけが用いるものだと思われている節があります。

そうではありません。こうしたバズフレーズこそ、普通の世界で普通に頑張っている人たちにこそ使いこなしてほしい。そして活かしてほしい。私はそう思うわけです。

本章では、私がこれまでに見た「これはなかなかすごいぞ」と感じたバズフレーズをいくつかご紹介しながら、そのチカラを実感していただきます。

事例1
「結果にコミットする」
明るさを前面に打ち出して大ブレーク！――ＲＩＺＡＰ（ライザップ）

ありふれた社名から、ポジティブな社名に変更

「健康コーポレーション」という会社をご存じでしょうか。「何だか似たような社名の会社っていっぱいあるよね？」というのが最初の印象ではないでしょうか。実際、「健康」という言葉が社名についた会社はたくさんあります。

「健康コーポレーションじゃ、似たような社名に埋もれてしまって、気づきもされないし、印象にも残らないよ」。それが普通の反応でしょう。

では、「ＲＩＺＡＰ（ライザップ）」ならどうでしょうか。

「そんなの知ってるに決まってるよ！」と思いましたか。そうです、最近こそ多少の陰り

を見せているようですが、まさに一世を風靡した会社、フィットネスの世界を変えた会社と言って差支えないと思います。

実はこのRIZAPと健康コーポレーションは同じ会社です。健康コーポレーションが社名を変えたのがRIZAPなのです。

RIZE（上る・登る）＋UP（上昇する・向上する）という、とにかく上に行く、上るイメージ。勢いを感じさせます。

バズフレーズになる条件は〝明るさ〟

そして、健康コーポレーションから社名を変えたRIZAPが使ったのが「結果にコミットする」というフレーズです。

これ、歴史に名を残すぐらいのバズフレーズになりました。

健康や美容に関する業界だけでなく、他の業界でも真似されて、同じような切り口を打ち出してくる企業が増えました。

「結果にコミットする」。つまり「成果を約束する」という表現は、決してRIZAP特有のものではありません。実際、同じような意味のことを言っている企業はそれまでにもたくさんありました。代表的な例として、「○○でなければ料金はすべてお返しします」という返金保証のフレーズがありました。これも言っていることは「結果にコミットする」と何ら変わりません。

しかし、返金保証はどことなく、日陰の言葉という気がしませんか。「お金にうるさい、リスクを怖がる人が飛びつく言葉」。そんな後ろ向きの印象です。

一方、「結果にコミットする」は後ろ向きでなく、「明るく勇気を持って前に進む人の言葉」。そんなイメージがしませんか。

そう、そこが大事なのです。

バズフレーズに必要なのは、明るさです。あっけらかんと前に進む、パワーを内包した言葉です。ＲＩＺＡＰはこれを見事にやってのけました。だから世の中を動かしました。ダイエットに悩み苦しんでいる人々にとって、救いの神となったのです。

そこが勝因です。私はそう思います。

「結果にコミットする」。まさにバズフレーズです。

事例2
「吸引力の変わらないただ一つの掃除機」
キャッチフレーズひとつで、ライバルを無力化！――ダイソン

「細部の違い」ではなく、最も重要な能力で勝負！

「吸引力の変わらないただ一つの掃除機」。

今や聞いたことがない人はいないくらい有名な、ダイソンの初期キャッチコピーです。

現在は「他のどの掃除機よりも確実にゴミを吸い取ります」というコピーに変わりましたが、この「吸引力の変わらないただ一つの掃除機」というフレーズに当時の私は衝撃を受けました。たった1行で、「ライバルを無力化」してしまったからです。

ダイソンの広告を見ていると、「サイクロンモーター」という言葉を筆頭に、たくさんの〝ダイソン用語〟が登場します。要はダイソンの持つ技術的優位性や他社との差別化ポイン

トを示す言葉ですが、その一つひとつの言葉の意味をキチンと理解している人なんてそういません。かく言う私も、サイクロンモーターの技術的優位性を語れるかといえば、それは無理です。

しかし、とにかくダイソンはそれを言い切ったわけです。

「細かい部分まではわからなくてもいいのです。とにかくダイソンはすごいんだから。他の商品よりは明らかに違う吸引力を持っているんです！」と言い切った。

もう一度言いますが、ライバルを無力化してしまったのです。それもたった1行で。

他社が細かな機能とか価格といった「スペック」を伝え、「細部の違い」で勝負しようとしているとき、ダイソンは「最も重要な能力＝吸引力」一本で勝負しました。

これが「ライバルを無力化する」ということの意味です。

実際に中身が伴っていなければ使用はＮＧ

もっとも、この「吸引力の変わらないただ一つの掃除機」というフレーズ、誰にでも使えるかというと、決してそうではありません。

「サイクロンモーター」という、技術的な理屈はよくわからないまでも、どうやらこれまでの商品とは明らかに次元の異なる凄味を持った機能、明らかに「違う」と言い切れる能力を持っているからこそ宣言できる言葉です。言ったはいいが中身は違うとなれば、それは詐欺ですから。

つまり、「本当に圧倒的な能力を持っていれば、ここまで言い切って大丈夫。逆に言い切らなければ強みは発揮できない」ということです。

日本のメーカーを見ていると、総合力があるにもかかわらず、チマチマと機能のことばかり、あるいは価格の安さや割引のことばかり伝えている印象があります。

しかし、それでは、これからの時代、戦えないのです。

ダイソン以降、国内メーカーも色々と特色を打ち出してきてはいますが、私の目にはどうにも生ぬるく見えます。ダイソンがバズフレーズを打ち出しているとすれば、他社はバズれていないのです。

この「ライバルを無力化する」というのも、バズフレーズの持つ強烈なチカラです。

事例3
「コクがあるのに、キレがある」
レッドオーシャンでの戦いから抜け出した——アサヒビール「スーパードライ」

スペック合戦で閉塞状態にあったビール業界

「コクがあるのに、キレがある」。

1980年代、当時瀕死の状態だったアサヒビールを救ったのは、この1行でした。まさにバズフレーズ。一夜にしてビール業界を席巻しました。

かつてビールは「コクがあればキレがない。キレを求めればコクが消える」という状態だったと言われます。つまり、「キレとコクのどちらを求めるか？　どこを工夫するか？」という、いわゆる二律背反の「スペック合戦」に陥っていたのです。

ですから商品力も微差の争い。お客さんから見たら、「どこがどう違うのか？」よくわからない状態でした。

技術者は自社の技術を讃えて、「ここがすごい！」「これが最高！」と叫ぶのですが、お客さんから見ると、それにさほどの意味はありません。「おいしいのは結局どれなんだよ！」という閉塞状況でした。

そこに、瀕死のアサヒビールは命がけで戦いを挑みました。

スペック競争に挑んでも、当時のアサヒビールは原資も人材も足りない会社ですから、勝てる道理がありません。ですから、当時新社長に就いた樋口廣太郎（ひぐちひろたろう）さん以下、皆が必死で考え、行動しました。このあたりの壮絶な戦いの物語は多くの書籍で語られているので、ぜひ読んでみてください。

ライバル不在のブルーオーシャンへワープ！

ともあれ、アサヒビールはビール業界自体がずっと抱えていた悩み、ジレンマに挑戦します。そして「スーパードライ」というかつてなかったヒット商品を生み出します。

「コクがあるのにキレがある。だからドライなんだ！」と高らかに宣言したのです。

それはまさに「かつてなかったビール」でした。業界が横並びで頭一つ抜け出そうと各社がもがいているときに、群れのなかから抜け出そうとはせず、まったく別の土俵に上がってしまったのです。

だからこそ、他社はスーパードライを真似るしかありませんでした。追随してドライを銘打って戦うしかなかったのです。その後、「ドライ」という言葉を巡って「真似た、真似ていない」という、いささかレベルの低い争いを生んだのも、この「コクがあるのにキレがある」という、それまでの業界の二律背反に答えを出す、まさにバズフレーズがあったおかげなのです。

そして、アサヒスーパードライはそれ以降、他社の追随を許さず、世界のビール「スーパードライ」になりました。

このように、バズフレーズは戦いを拒否します。戦わなくてよくします。ライバルの群れのなかで戦うのではなく、群れから出てしまうのです。言ってみれば、戦いの血の海（レッドオーシャン）から軽やかに抜け出し、ライバル不在の戦いのない海（ブルーオーシャン）にワープするチカラをくれるのです。

「バズるとは、戦いをなくすこと」。ぜひ憶えておいてください。

事例4

「ストップ・ザ・エイズ。今止めなければ」

真摯で熱量のある言葉で一気に拡散――東京都

一気に拡散する言葉が必要だった理由

私が敬愛するクリエイティブディレクターの馬場マコトさんがかつて手がけた、「ストップ・ザ・エイズ」のキャンペーンの拡散ぶりはすさまじいものがありました。

馬場さんは、そのキャンペーンのオリエンテーションに参加したときのことをこう語っています。

「日本では1985年から徐々にHIV感染が広がっていったのですが、1992年に爆発的に流行。それは、従来は渡航歴によるところが大きかった感染の可能性が、日常に潜む脅威に変わったことを意味します。『きれいごとをいっても仕方がない。全国のエイズ関連疾患による死亡者数の約20％を占める東京都は、この事態を水際で止めなければならない』。そんな危機意識を持った医師の説明は刺激的でした。続けて彼は『HIVを防ぐにはコンドームしかない。どんなに批判されようと、お茶の間に流れるコマーシャルにコンドームを出したい』と発言したのです。」

馬場さんはそのオリエンテーションを受け、実に刺激的なCMを企画します。本来、広告は売上を伸ばす販促手法の一つですが、今回求められているのは、HIV感染者・エイズ患者をこれ以上増やさないための広告です。目的とするところが180度異なるのですから、対極にある考え方で挑戦しないといけないわけです。まさに、一気に広がるチカラを持つ言葉が必要だったのだと思います。

真摯で熱のあるフレーズ「今、止めなければ！」

少々長いですが、広告の概要を引用しましょう。

コマーシャルの企画のヒントにしたのは、あの医師の発言。脅威から距離を取ることで見て見ぬふりをするお茶の間に向けて、お茶の間と親和性の高いタレントが、素の表情で、自分なりに解釈したエイズに対するコメントを届けるという内容です。そしてやるからには徹底的にやりたかった。1人や2人ではなく、20名のタレント、それも大物であればあるほどいいと考えました。

しかし、「性」に関することを公の場で語ることがタブー視されていた当時、このコマーシャルへの出演はタレント生命に関わる問題につながりかねません。企画書を持ってタレント事務所を回り、何度も首を横に振られました。途中で諦めかけましたが、最終的には、長嶋茂雄さん（元プロ野球選手・監督）、岡本綾子さん（元女子プロゴルファー）、梓みちよさん（歌手）ら、そうそうたる方々20名が理解を示し、無償でカメラの前に立ってくださいました。中にはコンドームを手に登場してくださった方までいて、狙いどおり、「唯一のエイズ予防策はコンドームの使用である」ことを伝えられたと思います。

また、思いもよらない副産物もありました。話題のコマーシャルとして、連日、報道・芸能ニュースとしてテレビで取り上げられたのです。結果的に、東京都での放映回数以上にコマーシャル映像がお茶の間に流れました。この年のＨＩＶ検査の受診数は10万件に迫る勢いだったと聞いています。

『早稲田ウイークリーＡＰＲＩＬ1』から引用

私はこのキャンペーンで使われた、「今、止めなければ！」という言葉を尊敬しています。言葉に対して「尊敬」という表現を使うのはおかしいかもしれません。でも、そう言いたくなるくらい、真摯で熱のある言葉です。単なる広告コピーとは違うと思うのです。まさにバズフレーズ。素晴らしい1行です。

事例5

「払い過ぎた過払い金は取り戻せます」

「観点移動」で一挙に共感を集める――某司法書士事務所

相手に強烈な興味を持たせる、強力な磁力を持った言葉

ある日、たまたま見ていたテレビCMで私は腰を抜かしました。それは消費者金融からお金を借りたことのある人にとって、まさに福音とも言えるものでした。

「払い過ぎた過払い金は取り戻せます」

しかもこのCM、実に懇切丁寧につくられています。お金や借金のことに対して、知識がない人でもちゃんとわかるように、しかも具体的な回収金額の事例までを伝えています。加えて、相談料も無料です。

私はそのCMを見て、「あ、これは波が来るだろうな。バズるだろうな」と思いました。

そして……バズりました。

それまで消費者金融のCMといえば、一方的に「借りろ！　借りろ！」というものばかりでした。金利がどうとか、キャンペーンがどうとか、貸す側の立場に立った広告だらけだったのです。

しかし、このCMはまさにその立場を逆転させ、借りた側に視点を向けました。

私は「観点移動」という言葉をよく使います。

通常、何かを伝えたいときは、自分からターゲットに向けて矢を放ちます。つまり、ベクトルが「自分↓相手」だというわけです。しかし、観点移動とは「相手↓自分」です。

相手のほうから強烈に興味を持つ、強力な磁力を持った言葉。

これが観点移動をした言葉です。

共感を集める「観点移動」

自分が言いたいことを一方的に伝えるのではなく、相手が知りたいことを相手の立場に立って、相手の気持ちになりかわって、相手がちゃんと理解できる表現や言葉遣いで伝える。これが観点移動です。だからバズるのです。

これができれば、お客さんは集めなくても寄ってくるのです。

この過払い金のＣＭはまさにその意味で画期的でした。この言葉こそ、まさにバズフレーズでした。

もちろん、この広告には他にいくつもの工夫がなされています。見事な出来栄えです。ですが、何と言ってもこの凄味は観点移動の凄味です。

私もキャッチコピーを書く仕事をしていて、教え子たちにも「観点移動を心がけろ！」と口を酸っぱくして言っていますが、これがなかなかできない。

しかし、このＣＭは見事にそれをやってのけました。正直、脱帽です。

バズフレーズには、他では見られない視点が組み込まれています。「意図したか、しなかったか？」はともかく、他とは異なる視点が盛り込まれています。そこが違うのです。

消費者金融でお金を借りなければいけなかった人＝弱者が「あれ？　自分にも味方がいたんだ！　世の中、捨てたもんじゃないかも？」と気づいた瞬間でした。

まさに一挙に共感を集めるバズフレーズです。

事例6
「分解しないと体脂肪は減らない」
満を持して市場を制圧！――サントリー「伊右衛門　特茶」

「ヘルシア緑茶」の独壇場に挑んだサントリー

「分解しないと体脂肪は減らない」。

サントリーの「伊右衛門　特茶」は、体脂肪を減らすのを助ける、初の特定保健用食品として、２０１３年10月１日に全国発売されました。

商品の謳(うた)い文句は以下のとおりです。


体脂肪はそのままではうまく消費することができません。

ついてしまった体脂肪は、まず「分解」され、その分解された脂肪が燃焼することで、消費されるのです。
特茶は、脂肪分解酵素を活性化させるケルセチン配糖体の働きにより、体脂肪を減らすのを助けます。

ご存じの方も多いと思いますが、「伊右衛門 特茶」以前の「体脂肪減少マーケット」は、花王の「ヘルシア緑茶」の独壇場でした。

「体脂肪が気になる方に！」というキャッチフレーズはまさに一世を風靡しました。

高濃度茶カテキン５４０ミリグラム配合、特定保健用食品＝特保、極端に苦く渋く濃い味、しかも花王というケミカルの会社がつくったもの。

どう考えても体脂肪に効きそうです。私も飲んでみたことがありますが、かなり苦かった記憶があります。

そもそも「高濃度茶カテキン」という言葉の持つ強み。「なんだかよくわからないけど、どうもすごそうだ！」と一気に市場を制圧しました。

以降、揺るぎなき王者の座を占めていたのです。

そこに敢然と乗り込んできたのがサントリーの「伊右衛門 特茶」でした。

もちろん、それまでも「伊右衛門」は人気でしたし、よく売れてもいました。ですが、それはあくまでも清涼飲料のお茶としての評価であり、体脂肪減らす系とか、特保のお茶としての評価ではありませんでした。

そもそも、「伊右衛門　特茶」が発売された当時、他にも体脂肪減らす系の飲料はたくさん出ていました。そして、その多くが「ヘルシア緑茶」のパワーに押されて、日の目を見ることはありませんでした。

それらライバルの多くはカテキンを使ったもの。言ってみれば、「ヘルシア緑茶」の二番煎じだったのです。これでは勝ち目がないことは、ここまで読んできたあなたならもうおわかりでしょう。

直接対決を挑まずに独自性で勝負した

そこに、満を持して乗り込んできたのが「伊右衛門　特茶」でした。

サントリーは巨大企業です。マーケティング面でも素晴らしい能力を持っていることは言うまでもありません。

しかし、サントリーはここで「ヘルシア緑茶」と直接対決するような愚は犯さなかった！

私はそう考えます。

「ヘルシア緑茶」と「伊右衛門　特茶」で、謳っていることにそれほど違いはありません。

「これを飲めば脂肪の吸収を抑えられるかも！」です。

もちろん、「伊右衛門　特茶」にもカテキンは含まれています。

しかし、私が注目したのは「ケルセチン配糖体」です。この時点では実に新しい、少なくとも聞いたことのない言葉でした。

〝あの〟サントリーが満を持して出してくるお茶。「ケルセチン配糖体」という聞いたこともない、でも何かすごそうな成分が含まれる新しいお茶。「これは効きそうだ！」という感じです。

数年前に「ヘルシア緑茶」がパッケージをリニューアルしたため、コンビニや駅の売店から一気に姿を消したというラッキーもあったのでしょう。

「伊右衛門　特茶」の快進撃が始まったわけです。

投入のタイミングを焦らずに見極めることの大切さ

もうひとつ、私が着目したのは「無香料国産茶葉100％」という打ち出しです。しかし、「ヘルシア緑茶」の場合、茶葉へのこだわりが打ち出されてはいませんでした。「伊右衛門　特茶」の場合は、そもそも「伊右衛門」のブランドがあり、かつ「伊右衛門」は京都福寿園という老舗のお茶屋さんと組んで生み出したものです。お茶の葉にもこだわりがあるわけです。だから「伊右衛門　特茶」は、健康飲料としてだけでなく、純粋にお茶としてもとてもおいしそうに感じさせます。

「ヘルシア緑茶」が持っていた「伝家の宝刀＝高濃度茶カテキン」を踏まえながらも、そこに「切り札＝ケルセチン配糖体」を持ってきた。

「よくぞこの条件が整うまで待った！」という感じです。

サントリーとしては一刻も早く、「ヘルシア緑茶」の持つマーケットを奪いたかったと思います。きっと、焦りもあったでしょう。しかし、戦いの土壌が整うのを待つことも、一流の戦略です。

林修先生が語るように「いつやるの？　今でしょ！」という面もたしかにありますが、「いつやるの？……今じゃないでしょう！」という側面もあるわけです。

サントリーの考えは、市場に迎合しないこと。環境条件を整えてから満を持して打って出ることだったわけです。

もしもタイミングが少しでも狂っていたら、「伊右衛門　特茶」はなかったかもしれません。あったとしても、今ほどの人気を博してはいなかったかもしれません。

待つのも作戦のうち。焦らず、見極めることの大切さを、「伊右衛門　特茶」は教えてくれていると思うのです。

第1章

こんなところにも
バズフレーズが！
夢を叶える
バズフレーズの世界

序章では、事例を使ってバズフレーズのすごさをお伝えしました。

しかし、「それって、すごい会社に特有のことでしょう?」「大企業だからできたんじゃないの?」と見る向きもあると思います。

いえいえ、それはまったく違います。

バズフレーズはあなたの周囲にいくらでもあるのです。言葉のチカラ、1行の威力。よく言われることですが、その意味を本当に理解している人は少ない。私はそう感じます。

ここでは、たった1行のチカラで、自分の評価を、そして世界までをも変えてしまった1行の例を一緒に堪能してください。

本章では、あなたの周囲にある、あなたがまだ気づいていないバズフレーズの凄味を解説したいと思います。

「あれ? これなら自分にもできるかも?」。そんな観点で読んでみてください。

バズフレーズがより身近になりますよ。

肩書きを工夫しただけで、平成のビッグアイドルへ！

唐突ですが、ＡＫＢ48の話をしましょう。ＡＫＢ48が現在のようなビッグアイドルになるプロセスはいろんな機会で公開されているので、ここでは触れません。

私が「本当に見事だな！」と思うのは、そのキャッチフレーズです。

そう、「会いに行けるアイドル」。このワンフレーズがＡＫＢ48を現在のポジションに引き上げていった起爆剤になったと思うのです。

かの大作詞家、阿久悠先生はかつて、スターとは「手の届きそうな高嶺の花か、手の届かない隣のみよちゃんか、そのどっちかだろう」という意味のことをおっしゃっていました。少なくとも昭和のアイドルは、山口百恵さん、森昌子さん、桜田淳子さんの中三トリオも、キャンディーズやピンクレディーも、郷ひろみさん、西城秀樹さん、野口五郎さんの新御三家も、たのきんトリオから光ＧＥＮＪＩまでのジャニーズ系も、すべて手の届くアイドルではありませんでした。アイドルたちしか足を踏み入れることのできない「芸能界」という、扉の向こうに存在する希有の象徴でした。

しかし、ＡＫＢ48はまさにその扉を開き、「手の届きそうな隣のみよちゃん」を指向していました。

秋葉原のＡＫＢ劇場に行けば、彼女たちに会える。そのことが、普段は周囲の人とコミュニケーションをとるのが苦手だと自覚しているオタクたちを引き寄せ、「推しメン」という贔屓（ひいき）のメンバーを選択させ、グループ全体の人気を押し上げる原動力になったのです。

秋元康さんが生み出したワンフレーズ＝バズフレーズが、まさに時代を変え、新たな時代をつくった。そう思います。

ＡＫＢ48の成功は、まさにあのフレーズ「会いに行けるアイドル」というバズフレーズとともにあった！　そう言っても過言ではありません。

たった1行が時代を変えるチカラを持った瞬間だと思うのです。

塾のタイトルを変えただけで、参加者激増

株式会社ルーチェ代表取締役「10億通販塾™」を主宰する西村公児さん（※「10億通販塾™」は、商標登録申請済）。

彼は、年商1億円未満の通販会社を年商10億円企業に成長させる独自メソッド「通販LTVベルトコンベア理論™」を指導する通販コンサルタント兼プロデューサーです（※「LTVベルトコンベア理論™」は、商標登録申請済）。

西村さんは過去に、大手エステ系企業の通販ビジネスのサポートで売上を２００％アップ、ニュージーランドのシンボルフルーツ企業の販促支援でレスポンス率を2倍アップ、某健康食品会社の事業開発及び通販支援で新規会員数を２０００名増加など、通販ビジネスと売れる商品開発のプロとして、誰もが知る有名企業のヒット商品の誕生に多数関わってきた人物です。

今の彼を育てたのも、実はバズフレーズなのです。

彼の主宰する通販塾は「10億通販塾」と名づけられました。これ、限りなく明快です。「何ができるのか？」「何を目指すのか？」「どうなるのか？」が見事に組み込まれていま す。ビジネスで、とくに通販の世界で頑張ろうという人のなかで確実にバズります。「通販であること」「年商10億を目指す人のための塾であること」が見事に組み込まれています。

彼の経歴を拝見すると、「現在、中小企業から中堅企業をメインに、企業に眠る『売れる商品』の発掘を数多くサポート。大手通信販売会社で債権回収・販売企画を担当した後、（14年間）化粧品メーカーのマーケティングに傾注し、決して、ＰＰＣ広告の集客手法に依存しない「ビジネス解剖図」とステップ法で、20億円から１００億円の5倍の成長過程を経験㈱アンファー社のスカルプＤ（４年間））。その後、20年以上の実務経験を元に大手企業の成功実証済フレームをモデリング。ネット集客のＰＰＣ広告に依存しない手法に着眼し、見せ方と戦う土壌の切り口をガラリと変え、売上の業績アップをさせる誰もが知る有名企業のヒット商品を多数生み出しました」とあります。

ご存じのとおり、通販は言葉の勝負です。商品を手に取ってみたり、味を確かめたり、匂いをかいだりという確認行為が一切できません。

だからこそ、言葉のチカラで、お客さんが抱く不安を解消し、疑念を消してあげなければいけません。つまり、安心を誘う言葉の連続で、販売までこぎ着けなければいけないわけです。

バズフレーズこそが通販ビジネスを支えているのです。

曲名を変えただけで、曲がバカ売れし、ベストセラーに

古い話ですが、ちょっとだけおつきあいください。

はるか以前、グループサウンズブームというものがありました。歴史的名バンド、ビートルズの来日に前後して、日本にもバンドブームがやってきました。

長髪を振り乱しながら歌う（今なら当たり前すぎる様子ですが）、アイドルまがいの若者に女性たちは狂喜乱舞し、ライブでは失神者も出るほど。ひとつの社会現象化しました。

そんななか、見た目は普通、地味で真面目だけど、音楽性にすぐれたバンドもまたひとつの隆盛を誇っていました。いわゆる、当時でいう実力派のバンドたちです。

そのなかに「ヴィレッジ・シンガース」というバンドがありました。

このヴィレッジ・シンガースは『亜麻色の髪の乙女』という曲を大ヒットさせました。

しかし、実はヴィレッジ・シンガーズ以前に、この曲をレコーディングしたアーティストがいたのです。１９６０年代に活躍した女性シンガー、青山ミチさんです。

パンチの利いたパワフルな歌いっぷりとグラマーな肢体で脚光を浴びた彼女は「ミッ

チー」の愛称で親しまれ、後に遠藤賢司さんもカヴァーした『ミッチー音頭』（1963年）、エミー・ジャクソン盤と競作となった『涙の太陽』（1965年）などのヒットでスターダムへのし上がっていきました。

1966年夏、彼女の通算25枚目のシングルとなる新曲の制作が開始されます。フジテレビのディレクター時代から作曲活動を始め、『涙のギター』のヒットを放っていたすぎやまこういちさんと、『青い瞳』『青い渚』など一連のブルー・コメッツ楽曲に歌詞を提供していた橋本淳のコンビによる書き下ろし作品で、タイトルは『風吹く丘で』。

後年の橋本淳さんの証言によると、青山ミチの新曲という依頼を受けた時点で、少しブロンドがかった長い髪を風になびかせながら丘を駆け下りてくる青山ミチの姿を思い浮かべたといいます。「亜麻色の長い髪を風がやさしく包む」「乙女は風のように丘を下る」というフレーズはそんなインスピレーションから生まれたそうです。しかし、この曲は発売直後に諸般の事情により店頭から回収され、そのまま出荷停止となってしまいました。

しかし、1年8カ月後にヴィレッジ・シンガーズが『亜麻色の髪の乙女』のタイトルでリメイクしてヒット。2002年には島谷ひとみさんによるカヴァー盤がオリコン4位まで上るヒットとなったことで、ヴィレッジ・シンガーズ盤にも再びスポットが当てられ、N

ＨＫ『思い出のメロディー』で久々にメンバー５人が集結して同曲を演奏しました。

タイトルを変えて大ヒットにつながった例は他にもたくさんありますが、『亜麻色の髪の乙女』は見事に時代を超えてバズフレーズ化しています。

広告コピーの切り口を変えただけで、一気にシェア１位に！

誰も言っていないことを、先駆けて言うんだから、〝先制〟。先制パンチの先制です。

この先制の戦略は、アメリカの「シュリッツ」というビール会社がやった例が有名です。

少し長いですが、とても大事なので紹介します。

１９２０年代初頭、10社ほどの醸造会社が精力的に競い合い、シュリッツビールは業界８位でした。

しかし、あることによって、シュリッツビールは半年で業界首位に躍り出ます。

当時、どの会社も、基本的に同じ広告メッセージでした。

「私たちのビールは純度が高いものです」。つまり、商品クオリティを訴求していたのです。

一方、シュリッツは、業界で初めて、「ビールの製造工程を事細かく」消費者に伝えました。

コンサルタントからの助言に、当初、経営陣はこう言いました。

「なぜ、そんなことをする必要が？　どこの醸造会社もうちと同じことをやっているのに」

そう、製造工程自体は、他社とさほど変わりません。

たしかにこの発想は、「独自の強み」というUSP（第2章02参照）からは真逆です。

シュリッツビールのメッセージはこれです。

「シュリッツのビール工場はミシガン湖のすぐそばにあり、当時、その水は大変きれいなものだった。工場がその湖岸にあったにもかかわらず、シュリッツは深さ1500メートルのアルトワ式井戸を二つも掘っていた。最高のビールをつくるのに最適なミネラルを含有した水は、その深さまで掘らなければ見つからなかったからだ」

「一番豊かな味と口当たりを生みだす醸造酵母菌の元菌を見つけ、それを開発するのに、5年以上かけて1623回の実験をした」

「水を超高温まで熱し、再び冷却して液化する。しかも、その不純物を完全に取り除くために、それを3度も繰り返す」

「ビン詰めして送り出す前に、純粋で豊かな味を確認するため、一度の醸造ごとに必ずテイスティングをする」


どうですか？

たしかに当たり前のことを言っているだけかもしれません。

各社、同じような背景で商品をつくっているかもしれません。

でも、「誰もそのこと＝見えない背景」を語ってはいなかったのです。

だから最初にそれを伝えたシュリッツビールは、「あそこはすごいね！　しっかりしてるね！」と認められました。

この正直さがシュリッツを救い、業界首位に押し上げたというわけです。

チラシのタイトルを変えただけで、問い合わせ10倍に

ある便利屋さんがあります。

地元地域を巡回し、仕事のネタを探し、チラシを投げ込んで、問い合わせや依頼につなげるというやり方をしていました。

たとえば、庭の木の葉が膨らみすぎているお宅を見つけると、「庭の木の枝、剪定(せんてい)します！」という手書きのチラシをポストに入れ、反応を待つというスタイルです。やり方としては決して間違ってはいません。間違ってはいないのですが、いかにも効率が悪すぎます。しかも、意味がわかりづらい。そこで私のところに相談に来ました。

私はすぐに、バズフレーズ的なアドバイスをしました。

「近隣でバズる」ようにチラシの書き方を変えさせたのです。

> 「膨らみすぎた庭の木、スッキリさせてあげませんか？　前の道路まではみ出すと近所からも迷惑がられますよ！」

というように、そのお宅に固有のコピーを書いてポスティングをするようにしました。

すると、それまで「１００枚ポスティングして、１件問い合わせがあれば上々」という感じだったのが、何と１００枚に対して10件の問い合わせが来るようになったのです。

もちろん、彼らができる仕事は木の剪定だけではありません。ワンちゃんの散歩代行、古くなった犬小屋のリニューアル、芝生の手入れ、壁の塗り替えなど、多くのスキルを持っています。

私はすべての仕事に関するチラシを、すべてバズフレーズ的な手法に変えました。最大公約数的な「どのお宅にも当てはまるけど、ぼんやりした曖昧なコピー」から、「そのお宅に固有のコピー」へ。つまり、ワン・ツー・ワンのコピーに全面的に切り替えたのです。

チラシのタイトルはすべて「〇〇さんだけへのご提案」としました。このフレーズは、近隣で「お手紙チラシ」と呼ばれ、バズフレーズになりました。その結果、「成果＝反応率」は劇的に向上しました。

そして、一度仕事を引き受けたお宅からの紹介案件がボチボチ入るという、うれしい副産物も生まれました。

どんな人も、一般論で語られたのでは、自分のことととは考えません。

一軒一軒の事実や実態を大切にし、その一軒ごとにキャッチコピーを変える。

そうした地道な活動が大きな成果を呼び寄せたのだと思います。

ホームページのタイトルを変えただけで、成約率5倍に

私の教え子のH君は、東京の都心で中小企業診断士、要するに経営コンサルタントの事務所を開業しています。ホームページを開設し、そこからの集客を目指しました。

ホームページのタイトルは「ビジネスコンサルタント：中小企業診断士です。ご用命はここから！」みたいな実に無味乾燥なものでした。

70万円近くかけてつくったホームページですが、当然のごとく、その反応は実に悲惨でした。このタイトルでは、問い合わせなど来るはずもないですよね？

そこで、私は彼の話を聞き、彼の特徴や持ち味を発揮できるホームページに改修しようという提案をしました。


「今年中にビジネスを立て直したい社員5人以下の社長のためのノウハウ集！」

これが新たにつくったタイトル＝バズフレーズです。

彼が得意とするのは、速効性のある集客ノウハウです。ですから、ターゲットを「今年中にビジネスを立て直したい社長」としました。そして、Ｈ君が一番得意とする社員数の少ない小規模事業所にフォーカスを当てたのです。

このホームページを公開して以来、反応は劇的に改善されました。

それまでは１カ月に１件問い合わせが入れば御の字だった状態から、最低でも１カ月に５件の問い合わせが入るようになりました。そして成約率も大きく改善しました。

そして何より彼が喜んだこと。それは……。

「彼が最も得意とする内容の依頼が圧倒的に増えたこと！」です。

それまではぼんやりした訴求しかしていなかったため、冷やかし的な問い合わせや見積りの依頼という、仕事に直結しにくい依頼が多かったのですが、ホームページを変えてからは、彼が得意とするテーマ、しかも明確な悩みを抱えたクライアントからの依頼がほとんどになりました。

結果、彼も腕を振るいやすく、成果に直結しやすくなりました。だから、それ以降、紹介も増えていきました。

さらにもうひとつ。会合などで出会った経営者に、自分のホームページの特徴を伝えると、それだけでホームページを通じて依頼が来るようになっていきました。

「名刺↓ホームページ」という流れが、わかりやすく一貫したものになったからでしょう。

たった1行のバズフレーズがH君を人気コンサルタントに激変させてしまったのです。

第2章

あなたも簡単にバズフレーズを生み出せる「バズライティング」7つの技術

さて、ではいよいよ、バズフレーズのつくり方について解説します。

この章では、バズメソッド、要するにバズフレーズづくりの中核となる具体的な考え方、技術を以下のとおり、教えていきたいと思います。

①ベネフィット提示法
②USP提示法
③独自性訴求法
④値打ち訴求法
⑤新規訴求法
⑥クオリティ訴求法
⑦数値言い切り法

ここではバズフレーズのコアになる要素を「コアバズ」と呼んで紹介しています。

01 ベネフィット提示法
～「要するに、こんな良いことがありますよ！」をコアバズにする～

ベネフィットとは、消費者にとってのメリット

ベネフィット。

いきなり耳慣れない言葉が登場しましたか？　ご安心ください。全然難しくはないですから。

ベネフィットとは、商品やサービスを利用することで消費者が得られる有形無形の価値のことです。バズフレーズの中心になる言葉です。

要するにバズライティング的には、「メリット」という言葉に置き換えてもいいでしょう。

まずはその商品やサービスが「お客さん＝利用者」に対して提供できる「具体的なメリ

ット」を書き出してください。

この段階ではたくさんあったほうが良いです

その商品のみが持っているメリットを前面に出す

そして、そのたくさん書き出されたメリット群のなかから、その商品やサービスにしか備わっていないメリットを伝えるのです。

「要するに、この商品（サービス）を利用すると、あなたには◯◯というメリットが訪れますよ！」と宣言する。

この◯◯の部分が、コアバズです。

たとえば、アップルのｉＰｏｄの「ポケットに１０００曲」というフレーズがそれに当たります。

他が追随できない、その商品のみが持っているメリットであり、ベネフィットです。

この手法はシンプルです。

まずは、お客さんから見た、お客さんにとってのベネフィットをたくさん考えます。「これ以上は浮かばない！」というギリギリまで出し尽くしてください。

そして、そのベネフィットのうち、

・自分に独自のもの
・ライバルが出来ないもの
・お客さんが求めているもの

という具合に分類してください。

そして残ったものが、「自分だけが持っていて」「ライバルは持っていない」「お客さんが求めている」ベネフィットになります。これがまさにコアバズです。先の「ポケットに１０００曲」がそれにあたります。

仮にコアバズが複数あった場合は、それらを「組み合わせてもＯＫ」です。

最初、ベネフィットを考えるところが少し慣れないかもしれませんが、ぜひチャレンジしてみてください。

02 USP提示法

～「他にはない独自の売り」をコアバズにする～

ポイントはお客さんにとってのUSP

USP（Unique Selling Proposition）とは、日本では「独自の売り」あるいは「独自の売りの提案」という意味で知られるマーケティング用語です。これがしっかりしていると、バズフレーズになりやすいです。

商品やサービスには必ず何らかの特徴や強みがあります。「製造者＝メーカーや提供者」が自ら語る強みもあれば、お客さんが実際に使ってみて感じる強みもあるでしょう。

この「他にはない独自の売り＝コアバズ」候補をたくさん書き出してください。すべてはそこからスタートです。

そして、その書き出されたもののなかから、「他社＝ライバル品」と比較して、決して引けを取らないポイントを言葉にします。これでＵＳＰ提示法は完成です。

ここでのポイントはたったひとつ。

あくまでもお客さんの立場に立って、それがＵＳＰになっているかどうか？　そこだけを必ずチェックしてください。

代表的ＵＳＰの事例

ここで代表的なＵＳＰの事例を紹介しておきますので、参考にしてください。

【ドミノピザ】

「ほかほかで焼き立てのピザを30分以内にお宅にお届けします。もし着かなければ代金はいただきません」

【ウォルマート】

「エブリディ・ロープライス（毎日、格安）！」

【フェデラルエクスプレス】

「絶対に、確実に、一晩で」

【M&Mチョコレート】

「お口でとろけて、手にとけない」

どうですか？　イメージが湧きましたか？

これがＵＳＰ提示法です。

ＵＳＰ提示法も至ってシンプルです。

仮にあなたの商品のＵＳＰが決まっているならそれを使えばよいですし、ＵＳＰがない場合は、前項の

・自分に独自のもの

・ライバルが出来ないもの
・お客さんが求めているもの

を使って見つけ出してください。
そして、それをそのまま、ズドン！　と提示すればよいだけです。
たとえば、

「確実に、5キロを、1カ月で減らします！」

みたいな感じです。
USPの強さで成否が決まるので、そこがポイントです。

03 独自性訴求法

～「ライバルとの違い」をコアバズにして訴える～

絶対的な価値よりも、ライバルと比較した相対的価値を

商品やサービスの価値には、絶対的な価値と相対的な価値があります。

絶対的な価値とは、他に類を見ない、まったく新しく生まれた価値です。

たとえば、洗濯はすべて手でやっていた時代に登場した洗濯機。

ステレオは家で使うもの、ラジカセは大きくて運びづらいもの。そんな時代に登場したウォークマン。

要は「世界初！」と言い切れる発明や発見です。

しかし、今の時代、そうそう新発明や新発見ができるか？　といえば、それはかなり難

しい。だからこそ、「相対的な価値＝ライバルと比較してどうなのか？」という視点が必要になります。

この「ライバルと比較してどう違うのか？」という点を訴えていくのが、独自性訴求法です。

どんな商品・サービスも相対的な価値を持っている

たとえば、トヨタのプリウス。初のハイブリッドカー。今は他社もハイブリッドカーを出していますが、発売当時はまさに独自でした。

たとえば、日清のカップヌードル。それまでも即席ラーメンはありましたが、カップにお湯を注ぐだけで食べられるインスタント麺は、実に独自でした。

こんなふうに考えていくと、どんな商品やサービスにも、「相対的な価値＝コアバズ」があることに気づきます。

ライバルとは異なる機能がついている。

ライバルよりも小さい。

ライバルよりも味が良い、本格派。

ライバルよりも安い。


いろんな切り口がありますが、とにかくその「ライバルと比べて優位であるポイント＝コアバズ」を見つけるわけです。そして、それを言葉にする。

これで独自性訴求法は完成です。

この独自性訴求法は、徹底して「ライバルとの違い」にフォーカスする手法です。とにかく「ライバルとうちはここが違う！」というのを強調します。

当然ですが、ライバルとの違いをたくさん書き出すことから始めますが、その中で最も特徴的な違いを強調します。

仮に複数あれば、組み合わせもありです。

私のキャッチコピーを例に出すと「キキダスマーケティング！ お客さんの本音を聞き出す独自メソッドで、売れる企画を生み出します。」などがそれにあたります。

キレイに決まると効果抜群です。

04 値打ち訴求法

～「こんな理由でこの価格」をコアバズにする～

「価格」を武器にして、売る側の真摯さを伝える

どんな商品やサービスにも「価格」があります。価格のないものは商売になりません。

そして、その価格には、必ず設定した理由があるはずです。

もちろん、お客さんには言えない理由もあるでしょう。いくら儲けたいからこの金額にしたとか、原価を積み上げたらこの価格になったとか。

そうした自分都合の価格設定は外には伝えにくいですし、理解してもらいにくいです。

しかし、自らの努力や工夫で安く提供することができるとか、こんなに貴重な品だから、高めの価格になっているとか……。そうした、いわゆるリーズナブルな価格設定について

は胸を張って訴えていいわけです。
それが値打ち訴求法です。
要するに、こんな理由でこの価格。
それを伝えれば売る側の真摯さも伝わるし、正直に見えるのです。

「なぜ、この価格なのか」をアピールする

たとえば、

「業界では唯一のメーカー直取引。だから流通マージンがかからずにこの価格で提供できるんです」

こう言えば、これは明らかに企業努力ですよね?
あるいは、

「世界でも○○国でしか手に入らない貴重な天然の××を使ったシャンプー。少し高めですが、その効果は立証済みです」


と言われれば、これまた信じないわけにはいきません。

という具合で、価格のついた理由を包み隠さずに書けば信頼が勝ち取れるというわけです。これが値打ち訴求法の神髄です。

価格のメリットに自信がある場合、つまり「リーズナブルさ」で勝負できるという場合は、そこを強調します。

この場合のフレーズは、「◎◎だけど××」という表現か、「たった◎◎円でこの内容」という２つの方向が効きます。


「ズワイガニの蟹肉がこれだけ入って、なんと４９０円」

「２万９８００円で、完全防水機能付き」


などの言い方です。

05 新奇訴求法

～「ここが新しいわけです！」をコアバズにする～

「カテゴリーを絞って、狭くする」のがポイント

「新しい」というのは、実に貴重な価値です。

コピーライティングの世界でも、「とにかく『新しさ』を訴求しなさい！」と言われるくらいですから。

しかし、実際にやってみると、新しいことを伝えるのって、意外と難しいものです。

北海道は札幌ススキノにあった、とても素敵なラーメン屋さん、「縁（えにし）」や。

ここでは、ある時期、「今日も日本初のシマエビそばあります」というコピーで、シマエビを使ったラーメンを展開していました。

この縁やさん、そもそも、実においしいエビそばの店。私自身、このラーメンを食べたいばかりに札幌まで用事をつくって出かけたことがあるくらいです。で、このシマエビそば、どこが新しいのかというと……。

「シマエビを使った」という部分です。

エビを使ったラーメンは、今や決して珍しいものではなくなりました。縁やさん自体がやっていたくらいですから。

しかし、そこで視点を少し狭めて、「エビの種類」を限定すると、「シマエビは新しい！」という視点が生まれます。

エビラーメン自体は決して新しくはないけれども、「シマエビ」と限定すると新しくなる。

この「カテゴリーを絞る、狭くする」というのが、新しさを訴求する場合の必殺技です。

考え方を柔軟にすれば、「新しさ」は無限大

今の時代、本当の新発見とか新発明って、そうそうできるものではありません。ほぼ不可能と言ってもいいかもしれません。

ですが、こうして考え方を柔軟にすれば、いくらでも可能性は出てきます。

そういうことなんですよ。

この手法も決して難しくはありません。ただひたすら新しい要素を探します。そして、見つかったらそれを伝えるだけです。

「◎◎業界で、このサイズは初めてです」

とか、

「男性用髭剃りでは世界初！」

のような表現です。

06 クオリティ訴求法

〜「クオリティの高さ」をコアバズにする〜

専門家の力を借りてクオリティを保証する

品質。これまた、外からは違いがわかりにくい要素のひとつです。

加えて、提供する側がいくら「うちは品質がいいよ！」と声高に叫んでも、それはなかなか伝わらず、独りよがりに捉えられがちです。

さて、どうすれば質の良さをストレートに伝えることができるでしょうか？

その答えは、専門家の推奨です。

専門家というのは、〝その道のプロ〟。目が肥えているわけです。その専門家が「これはいい！」と言えば、信じるしかないんです。

たとえば、読書術の本を書いているような読書のプロが「面白い、良い本です！」と言えば、その本はハイクオリティだということになりますし、経営のプロが「このノウハウは素晴らしい」と言えば、それはもうお墨つきをもらったようなものです。これがバズフレーズの要素です。

「専門家＝著名人」とは限らない

そうは言っても、著名な人の推薦をもらったり、褒めていただくというのは結構高いハードルです。

下手をするとお金もかかるし、承諾してもらうための期間も長くなるでしょう。

その場合は、〝街のプロ〟にお願いするのも良いと思います。

たとえば、地元で評判のお医者さんが良いと言った。地元で有名なカメラマンが使っている機材。そんなローカルな情報であっても、専門家は専門家。シロートさんにとっては信じるに足る強みとなります。

「専門家の推奨＝コアバズ」。何とかして手に入れたいものですよね。

クオリティ訴求法は、理想的には専門家の推奨を使います。
大物は現実的には難しいかもしれないので、

「街で一番人気の小児科医、大推薦」

とか、

「この道30年の大ベテランが唸った本物の味」

のような言い方をします。
小さくとも権威の持つチカラは強いのです。

07 数値言い切り法
～「ズバリ自信を持って言い切れるわけですよ」をコアバズにする～

言い切るために「数字の威力」は不可欠

数字は雄弁です。言葉だけでは説得力が弱い場合、数値をつけて論拠を見せると、グッと信頼性が上がるものです。
「開店以来、多くの人が美味しいと言ってくださったオムライス！」と言うよりも、

「開店以来、1万4５7人の方が美味しいと言ってくださったオムライス！」

と言われるのでは、その迫力というか、信憑（しんぴょう）性がまったく違いますよね。

それが数字の威力です。

したがって、言い切るためには数値を使うことが一番強いです。ぜひぜひ使ってみてください。

数字は「はしょらない、丸めない」が原則

ただし、その場合、注意事項があります。

ひとつは、一番小さな桁（けた）まで表現することです。

「６人中４人が！」と言っても、何の説得力もないですが、パーセンテージで、「66・７％の人が！」と言えば、これは信憑性が増しますよね？

もうひとつは、「１１００人が！」と言うよりも、「１１０２人の人が！」と言うほうが正確感が増します。

数値はできるだけはしょらず、丸めず、厳密に使うようにしてください。

数値言い切り法は、まさに数字がポイントです。先ほど紹介した、

「開店以来、1万457人の方が美味しいと言ってくださったオムライス！」

などはまさに効果的ですし、

「重量187グラム！　初めて299グラムを切りました」

などの使い方をします。

第3章
さっそく「バズフレーズ」を使ってみよう

バズフレーズのつくり方を学んだあなたは、早くバズフレーズの威力を知りたくてたまらないでしょう。

それはそうですよね？　人生、変わるかもしれませんからね。

この章では、あなたがすぐにできるバズフレーズをどんな対象に織り込めばよいのか？

実際に私がやってきた例からできるだけ具体的に教えたいと思います。

01 キャッチコピーをバズらせる

～やりたくない仕事を自然と遠ざけることができるようになる～

キャッチコピーとは、「チャンスをキャッチする」こと

「キャッチコピーはつけてるよ！」という人、多いです。

しかし、私に言わせると、そのキャッチコピーは何も「キャッチ」していないのです。

キャッチコピーの役割りはたったひとつ。それは……。

〝チャンスをキャッチする〟ことです。

この場合のチャンスとは、良い仕事のキッカケでも良いし、会いたい人と出会うことでも良いし、打診とか問い合わせが来ることでも良い。

とにかく、プラスに働く何かをゲットできることです。

「キキダスマーケティング」誕生秘話

私自身の経験を使ってお話ししましょう。

私は独立してから3年目に、諸々の理由からキャッチコピーをつけました。

名刺を中心に色々なツールにそのキャッチコピーを入れて、できるだけ人の目に留まるようにしました。

そのときのキャッチコピーは、

「訊きだす！　効きだす！　危機、脱す！　たった三日で売れ出すキキダス・マーケティング」


というものでした。

言ってみればダジャレです。が、このダジャレの1行には当時の私の思いと熱がすべてこめられていました。

独立してわずか数年だった当時の私は、自分自身がスモールビジネスそのものでした。ですから、「お金も人手も時間もない、小さな会社を応援する！」をコンセプトにしていました。

でも、それは自分でそう思っているだけ。周囲の人にキチンと伝わっているかというと、必ずしも伝わっていなかったと思います。

そこで、じっくりと時間を取って、このキャッチコピーを生み出しました。

①「お客さんとか販売員、開発者などのプレイヤーから話を聞き、アイディアを手に入れる」（訊きだす）

↓

②「それを展開することで効果が出る」（効きだす）

↓

③「その会社が危機を脱する」（危機脱す）

そんな三段論法をつくりあげ、徹底して人の目に触れるようにしていきました。

結果、この言葉が業界でも評判を呼び、仕事の依頼が殺到するとともに、初めての出版も実現しました。まさに、私のキャッチコピーがバズったのです。出会いたかった何かと確実に出会う役割りを果たしてくれたわけです。

キャッチコピーには〝踏み絵〟の役割がある

それからもうひとつ。キャッチコピーには、実に大事な効能があります。それは「踏み絵の役割」です。

「キキダス・マーケティング」と名乗っている以上、「業界のプレイヤー」の話を聞かなければいけません。それが私の仕事スタイルだからです。自分だけで考えても不足している部分を人から話を聞いて埋めることで、企画もコピーも万全なものになります。私もクライアントも自信を持ってプロジェクトを進めることができます。

しかし、なかにはそれを嫌がるクライアントも出てきます。「キキダスとか面倒なことはいいので、さっさとアイディアだけちょうだい！」「面倒なことやってないで、明日中にコピーの案をちょうだい！」みたいな感じです。

キャッチコピーを持つ前の私は、そんな仕事もジャンジャン受けていました。お金になると思えば、どんな仕事にでも手を伸ばしていました。もちろん、そのおかげで痛い目に何度も遭いました。

しかし、キャッチコピーをつけて、それを公表した以上、それは社会との約束です。良い企画をつくるため、優れたコピーを生み出すため、そのためにキキダスをやると決めたのに、やらないという選択肢はありません。

だから、「さっさとやってよ系」の依頼は断るしかありませんでした。

だって、キキダスをやっている時間がそもそもないし、予算もつきません。物理的に無理なわけです。

私は勇気を持って断りました。もちろん烈火のごとく怒る人もいました。「生意気言うな！」と。しかし、社会と自分との約束です。しっかり説明するとちゃんとわかってくれる人も出てきます。もちろんわかってくれた上で、「時間がないから」とか「予算が取れないから」という理由でダメになるケースもあります。それはそれで良いわけです。次につながるわけですから。怒って去っていく人もまたそれはそれで良いわけです。面倒な相手が一人退場してくれるわけですから。肩の荷も下ります。

こうして、私は理想に近いクライアントとだけつきあえるようになっていきました。そして今があります。

キャッチコピーを持っていなければ、断るのは大変です。こちらに大義がないですから。でも、「キャッチコピー＝バズフレーズ」を持っていれば、それはある意味、錦の御旗になります。「こう言っちゃってるんでルールは破れないんですよ。申し訳ないです」とまさに踏み絵の役割を果たしてくれるのです。

このバズフレーズが、闇のなかを手探りで彷徨(さまよ)っていた私を救ってくれたのです。

02 肩書きをバズらせる

～他にはない、インパクトのある肩書きを考える～

「肩書き＝資格」ではない

医者が単に「医者」と名乗るだけでは、どんな医者なのかわからないように、私たちコミュニケーションビジネスの世界に生きる者にとって、肩書きはとても重要です。

一般に「肩書き」というと、どうしても資格をイメージすることが多いようですが、私にとって資格はさほど大きな意味を持ちません。

なぜなら同じ資格を持った人は世の中にたくさんいて、さらに言うならば日々生産されていて、資格を名乗ったその瞬間に同じ資格を持つ人たちと同じ土俵に上がることになるからです。そこから抜け出すのは大変です。

もちろん、医者とか弁護士、税理士、放射線技師のように、その資格を持っていなければ仕事ができないという性格の資格もあるので、それはそれで取る以外ないというものもあります。しかし、ここで言うのは「自分が何者か？」を示す肩書きのことです。

名刺交換が、商談の場に変わる

マーケターを名乗る人はたくさんいます。確かにやっている仕事そのものはマーケターなんでしょう。しかし、そう名乗ったのでは他の同じ肩書きを名乗る人となんら違いがありません。大手広告代理店にはおそらく何百人という単位でマーケター的な人はいるでしょう。それでは埋もれてしまうだけです。代理店には色々なセクションがあり、ほぼ専属のような形でマーケターが配置されていますから、あえて抜け出さずとも一定量の仕事はグループやチームのなかから出てきます。

しかし、私たちのような小さな会社やフリーで働く場合はそうはいきません。人と同じ肩書きを名乗って埋没してしまい、仕事を受けるのに必死となり、結果、痛い目に遭っている人を私はたくさん知っています。私自身、一歩間違うとそんな状態になっていたかもしれません。

そのような状態から抜け出させてくれたのが「シンクロニスト」という私オリジナルの「肩書き＝バズフレーズ」でした。これは私の造語です。他の誰も名乗っていません。だからこそ独自です。ライバルはいません。

この肩書きは、「企業側が発する情報と、お客さん側が欲しい情報がどうもズレている。それをピッタリと合わせるのが私の仕事。つまりシンクロさせるのだ」という意図でつけました。そして大成功をもたらしてくれました。

名刺に「シンクロニスト」と書いておく。もちろん目立つようにです。すると名刺交換をした直後、この「シンクロニスト」という肩書きを見た人の大半は、「これ、どういう意味ですか？」と尋ねてきます。

そこで私は答えるわけです。「シンクロニストというのは……」と。すると相手はかなりの確率で興味を示してきます。そして、「たとえば、どんな仕事をやっていらっしゃるんですか」と訊いてきます。そこで私は、相手の業種業態を確認した上で、そこにピッタリの事例を語ったりするわけです。すると多くの場合、こうなります。「おいくらくらい用意したら、うちでもやっていただけるんですか？」と。

つまり、名刺交換をした瞬間に、その場が商談の場に変わるのです。

肩書きが営業ツールとなる

相手から「教えてほしい」と言われることは、広告でいう「パーミッション（事前許諾）」が取れた状態です。だからちゃんと説明をしていいわけです。相手は自ら「教えてくれ」と言ったわけですから、ちゃんと聞いてくれます。そして興味を持ったら商談まで一気に進みます。

私はこのやり方でたくさんの仕事を得ました。本当にある時期、名刺交換がイコール商談だったのです。

これが肩書き＝バズフレーズの威力です。

他が名乗っていない、あるいは名乗れない肩書きを生み出して活用すれば、勝利はすぐそこです。

もちろん他に類を見ない、しかも威力のある肩書きを生み出すのは簡単ではないでしょう。でも挑んでみる価値は大いにあると思います。

03 商品名をバズらせる

～売れなかった商品が名前ひとつでブレークすることもある～

商品名はやっぱり大事

商品自体には何の問題もないのに、商品名が良くないために売れなくて困っているという商品を山ほど見てきました。

売っている側やつくっている側にはそれなりに思い入れもプライドもある。だから自分が言いたい、強調したい部分をど～んと表現した名前になってしまう。それはそれで仕方のないことかもしれません。

しかし、その名前が「お客さん＝見込み客」から見てなんの魅力も感じられない名前になっていたとしたら……。それは大いなる無駄ですよね。だって商品そのものに罪はないのですから。

「鼻セレブ」は商品名を変えたものだった

ひとつ、有名なお話をしましょうか。

「モイスチャーティッシュ」という商品をご存じでしょうか？　名前のとおり、ティッシュペーパーなんですが、おそらく知らない方がほとんどではないかと思います。

では、同じくティッシュペーパーの「鼻セレブ」という商品はどうでしょう？

これなら「知っている」という方も、「見たことあるよ！」という方も、あるいは「使っている！」という方も多いのではないでしょうか。

実は、この「モイスチャーティッシュ」と「鼻セレブ」は同じ商品なんです。要は名前を変えただけ。

そう、「モイスチャーティッシュ」では売れなかったティッシュが、「鼻セレブ」と名前を変えただけで、約4倍の規模にバカ売れしたのです。もちろん、パッケージデザインの力もありますが、ネーミングのチカラのほうが大きいです。商品の中身は変わっていないにもかかわらず……です。

「モイスチャーティッシュ」ではごくごく平凡な印象で、どこに特徴があるのか、正直、わかりにくいですよね。そもそもティッシュペーパーにわざわざ「ティッシュ」とつけるのもどうだろうと思います。

しかし、「鼻セレブ」と変えた瞬間、「セレブ」という言葉が加わった瞬間、高級で上質そうなネーミングに生まれ変わりました。そして売上も大きく伸ばしました。

ティッシュペーパーの品質の違いなんて素人にはわかりません。ハッキリわかるのは専門家くらいではないでしょうか。それが「セレブ」という言葉を加えただけで、品質までもがランクアップした。そう感じませんか。

あの「BOSS」も商品名を変えたものだった

もうひとつ、知ればビックリするお話をしましょう。

缶コーヒーの「ＷＥＳＴ」って知っていますか？　若い人は多分知らないでしょうね。この缶コーヒー、１９８７年に発売されました。そして、さほど売れませんでした。

当初「WEST」の売上は伸びず、会社的にも悩みの種だったようです。それがあることから1992年にブランド名を変更します。

何という名前に変えたのかというと、「BOSS」。

そう、あのサントリーの「BOSS」は、そもそも違う名前だったのです。結果、「BOSS」は大ヒット。20年近く売れ続けるロングセラーブランドになりました。

正直「WEST」も「BOSS」も、名前だけでは何の商品なのかよくわかりませんよね。しかし、「WEST」よりは「BOSS」のほうがコーヒーの名前としては覚えやすいし、インパクトがあります。つまり、バズる要素があったのです。

たったそれだけのことで売上に影響することもあるという好例と言えるかもしれません。言葉にはこうした、商品の印象までをも大きく変えてしまうチカラがあります。

もし、あなたが扱っている商品が、仮に名前のせいで売れなかったり苦戦していたりしたら、これほどもったいない話はないわけです。

「この名前で商品の魅力が最大限に伝わっているだろうか？」

「これで見込み客にとって、ライバル品との違いは見つかるだろうか？」

そう考えてあなたの商品名を見直してみてほしいのです。

04 ホームページをバズらせる
～名刺（肩書き）とホームページの内容を一致させる～

ホームページが仕事の邪魔をしていることもある？

あなたはホームページを持っていますか？　そして……役に立っていますか？

おそらく、ホームページは持っているけど、「ほとんど稼働していない！」とか、「逆に金食い虫になっちゃってるよ！」という方が多いと思います。

正直言って、私たちのようなスモールビジネスで生きている者がホームページから集客するのは大変です。ＳＥＯ（検索エンジン対策）も含めて手間とお金をかけなければなかなか成果にはつながりません。

ここで言いたいのは、「ホームページがあなたの仕事を邪魔してはいませんか？」というお話です。

先ほども言ったとおり、ホームページで売上をつくるのは大変です。その発想を捨てて、ホームページを「名刺交換した相手に対する保証書」と考えてほしいのです。

ホームページは「あなたの保証書」です

どういうことかというと……。

あなたが見事なキャッチコピーと肩書きを持った名刺をつくったとします。この名刺は交換した相手の興味を引きます。しかし、実際には、時間が足りないなど、名刺交換の場で詳しく仕事内容の説明をできない場合も多いですよね。

そんなとき、あなたに関心を持った相手はどうするでしょうか？　その場では確認できなくても、事務所や家に戻ってからあなたの名刺を頼りにホームページを検索するのではないでしょうか。

そのとき、あなたが渡した名刺とホームページの内容が合っていなかったらどうなるでしょう。

たとえば、あなたが「シンクロニスト」という名刺を渡したにもかかわらず、ホームページを見てみると「ライター」となっていて、しかもキャッチコピーの下に続くサブヘッドと言われる部分が「何でもご相談ください！　廉価で原稿を書きます」となっていたとしたら……。相手は興ざめし、あなたのことを怪しく思うことでしょう。「名刺とホームページで言っていることが違うじゃん！」と。

先ほども言ったとおり、ホームページに手間やお金をかける必要はありません。しかし、名刺をリニューアルしたなら、少なくともホームページの中身は名刺に合わせてアップデートしておくべきです。

ホームページが集客に有効でないからといって放っておくと、こうしたことが随所に起こります。そして困ったことに、いえ、恐ろしいことに本人はそれに気づきません。

誰がいつホームページを見にきて、裏切られた思いであきらめたのか。誰も知らないままです。これが恐ろしいのです。

05 メールの署名をバズらせる

～「たかが署名、されど署名」。定期的に見直してみませんか？～

メールの署名で自分の補足説明をする

仕事でeメールを使っていない人は、ほぼ皆無と思います。今はメッセンジャーとかLINEをメインに使う人も増えていますが、ある一定以上の年齢の人はまだまだeメールです。そして、その年代の人は企業のなかで決定権を持っている場合が多いです。

そこでeメールの署名の話です。署名というのは、こちらから相手に送ったメールの最後の部分に自動的につく、あなたを紹介する文章のことです。

たとえば私、中山マコトなら次ページの上に掲載したような署名を使っています。

この署名を、何も意識せず、なんとなく使っている人が多いと思うんですが、実はこれ

【公式ホームページ：言葉のチカラを武器に走れ！】
https://www.makoto-nakayama.com/

【公式メルマガ：うらマガと呼んでね。】
https://www.makoto-nakayama.com/magazine/

【中山マコト著書達】
https://www.makoto-nakayama.com/books/

【中山マコトTwitter】
https://twitter.com/makin3939

【中山マコトFacebook】
https://www.facebook.com/nakayamamakoto

を工夫すると宝の山に化けるよ！　というお話をします。

この署名、何を書いてもいいのです。もちろん変更も自由自在です。ですから、普段言い足りない、伝え足りないことをあえて書いていいのです。

署名は隠れた営業ツール

たとえば、こんなことがありました。

私の署名に「マーケティングリサーチ〝も〟得意です」というような内容を目立つところに書いて載せていたのです。

すると、独立以来ずっと私に仕事を依頼してくれていたクライアントの社長さんが、「中山さん、今日気づいたんだけど、あなたリサーチもやるの？　だったら頼みたいことがたくさんあるんだけど」と連絡をくれました。それまでそのクライアントから依頼されていた仕事の大半は広告の企画とコピーです。しかし、彼らは他にもリサーチの仕事をたくさん抱えていて、不満だけれどもそれまでつきあいのあったリサーチ会社に頼んでいるんだ……と。現場からはそのリサーチ会社に対する不満も多く、社長としてはとても困っていたんだと。それが私の署名に目が留まって、渡りに船だと言うのです。

その社長とは打ち合わせもしょっちゅうするし、飲みながら仕事の話をしていたのですが、私にとってはあまりにも当たり前すぎてリサーチの話をしたことがなかったということに気づくわけです。

それ以降、その会社からは年間で１５００万円くらいのリサーチの仕事が舞い込んできて、とてもうれしかったのですが、現実はそんなものなわけです。

たかが署名、されど署名。

メールでのやり取りが多ければ多いほど、一日何度も目にする部分ではありますが、有効に使えているかといえば、かなりの部分、そうではないのです。

署名の使い方を、一度見直してみてはいかがでしょうか？

06 広告のコピーを変えて、バズらせる
～お客さん目線でベネフィットをズバリと訴求する～

あのスティーブ・ジョブズも最初は失敗した

自分で考えた広告。プロに依頼してつくってもらった広告。それが苦労の末に生まれたものであったり、大金を投じたりしたものだったりすると、一度つくったものをなかなか変えられないということが起こります。

数字的に売上に貢献していないことが明らかでも、なかなか変えるに至らない。それは執着のせいです。

執着は悪の根源、執着さえ捨てればうまくいくというケースは多々あります。ダメだとわかっているものならさっさと変えるしかないですよね。

はるか以前、こんなことがありました。

アップルの創業者、スティーブ・ジョブズの話です。彼は2001年、iPodを発売しました。アップルとしては乾坤一擲の商品、つまり社運を賭けた勝負の品です。

同社のスタッフが考えた初期の広告コピーはこんな内容でした。


「このiPodは、最新式MP3プレーヤーです。容量は5G、重さも185gと軽い!」


結果は、見事に売れなかったそうです。

売れなかった理由はなんとなく想像つきますよね。だって何だかわからない。お客さんから見て、まったく魅力的に映らないですよね。これこそがまさに執着。つくった側の言いたい、一方的な売り文句を書いているだけです。そこにお客さんは不在です。

MP3って何だ? 185gって重いのか、軽いのか? 5Gってどんな価値がある? そもそもギガって何だよ! みたいな感じです。で、とにかく売れなかったといいます。

そこでジョブズは広告のコピーを変えることを決めます。自らお客さんの目になって、徹底的にｉＰｏｄを見直します。そして新たに生まれたのが……

「1000曲をポケットに」

というコピーです。言っていることは実は同じです。しかし、お客さんの目にはまったく違うものとして映りました。

「自分の好きな曲を選んで、しかも１０００曲分をポケットに入れて持ち運べて、どうも好きなときに聴けるらしい」

この、お客さんの目から見た「うれしさ」とか「ありがたみ」のことをベネフィットと呼びますが、まさにベネフィットをズバリと訴求しました。そしてｉＰｏｄは稀代のヒット商品になりました。

勇気を持って執着を捨てる

あのとき、一度つくったコピーを変えたくない、スタッフが一生懸命頑張って考えたコピーだからと手をつけずにいたとしたら、今のアップルはないかもしれません。執着にとらわれ、変化することを恐れていたら、アップルは今とは違った会社になっていたかもしれないのです。

さて、あなたはどうですか？　良くないことがわかっていたり、マイナスを及ぼしていることが明らかなのに手を打てずにいる広告はないですか？

もしあったら勇気を持って、執着を捨てて変えてみましょう。それだけで視界が急に明るくなるかもしれません。バズるはずです。

07 ハンドルネームでバズらせる

～ビジネスでＳＮＳを使うのなら、ハンドルネームも真剣に考える～

ハンドルネームに無頓着すぎませんか？

ブログやメルマガもそうですが、とくにフェイスブックやツイッター、インスタグラムなどのＳＮＳをやっている人、多いですよね。

ＳＮＳがどうして急激に広がったのかといえば、私は「匿名性」にあると思います。自分の名前を出さなくても書けるというのはとてつもなく気楽で、ものすごい自由度です。責任が一切ありませんから。

匿名だからアイコンもハンドルネームも匿名で良くて、名前もいい加減な人が多いと思います。本名のファーストネームをアルファベットに変えただけの「Masao」とか「MIKI」

とか。あるいは自分の好きなものをそのままハンドルネームにしている人も多いです。Momokurosukiとか、APPLEFUNとか。

ここでお伝えしたいのは「ハンドルネームも工夫をしたほうが良いですよ！」ということです。

ハンドルネームで人格を判断されてしまう

たとえば、私はフェイスブックを「Makoto nakayama」という名前でやっています。これ、アルファベットにはしていますが、本名というかペンネームです。ですから誰かが「中山マコト」という作家を知って、「ツイッター、やってるのかな？」と考え、探してみるとすぐに見つかります。

ペンネームの「中山マコト」と、ツイッターのハンドルネームの「Makoto nakayama」がシンクロしているからです。私はツイッターにもビジネス絡みの内容を書きます。新刊のお知らせとかイベントのお知らせとか。

でも仮に私が、広瀬すずの大ファンで、「suzumania」というハンドルネームを使っていたとしたらどうでしょう。私が発見されることはないですよね。

加えてアイコンも意味のない（マーケティング的に……ですよ）もの、たとえば、広瀬すずの顔写真だったとしたら、もう完璧に無理。私をツイッターで探してくれる人と出会える確率は限りなくゼロに近いです。

ＳＮＳをビジネスで使うのなら「匿名」に逃げてはいけない

匿名で書けるというのはＳＮＳの大いなるアドバンテージです。でも、仮に少しでもビジネスユースに寄せようと思うならそれはダメです。自分の都合を優先させてはいけないのです。

ビジネスをやるなら、そこから何らかの集客とか売上を得たいという思いがほんの少しでもあるのなら……。

匿名というズルい世界に逃げ込んではいけないのです。正々堂々と名前と顔を出すべきです。それができないのならやらなければよい。そう思います。

もちろん人それぞれ、都合や理由はあると思います。でも少なくともビジネスに使おうという意図があるのなら、そこは勇気を持って顔出しや名前出しをするべきです。

自分は柱の陰から顔も出さずにいて、お金だけは欲しいというのはさすがに虫が良すぎる発想だと思います。

完全な匿名ではなくても、どうもわかりにくいハンドルネームや意味不明のアイコンを使っているなら、今が変更のチャンスです。どこにチャンスの芽が転がっているかは本当にわからないからです。

ハンドルネームを、一度見直してみてはいかがですか？

08 ブログのタイトルをバズらせる

〜タイトルがつまらなかったら、内容が面白くても読まれない〜

タイトルは「本文の１行目を読ませるための１行」

みなさんのなかには、ブログをやっている人も多いでしょう。ブログってすごいです。いくらでも書けるんです。ツイッターと違って文字数は無制限。これはすごいことです。その分、面白くも何ともない文章を延々と垂れ流してしまう人も出てきます。そんなの誰も読んではくれません。

しかし、読まれないのは中身がないから仕方ないとしても、中身があるのに読まれないとしたら、それはちょっと困ります。

私の知り合いにもたくさんいます。一生懸命、かなりの時間を割いてブログを書いて、読まれない人が。

こういう人の多くは「頑張って書き続けていたら、そのうち読まれるようになる」という馬鹿げた思い込みを持っていることが多いです。しかし、それはあり得ません。読まれないものはどこまでいっても読まれません。

理由は簡単です。タイトルがつまらないからです。

タイトルが、バズフレーズになっていないのです。つまり、興味を惹かないし、関心を向けてももらえない。スルーです。

タイトルは大事です。コピーライティングの世界では、タイトルは「本文の1行目を読ませるための1行」ですから。ここで正否が決まると言っても良い。にもかかわらず、その大事なタイトルにまったく気を使っていない人が大半です。何となくタイトルをつけているのです。それではダメです。

ここでタイトルのつけ方、タイトルをバズフレーズに変えるやり方を少しだけお教えしましょう。

難しいことはさておき、ここでは二つのことを憶えてください。

①新しさを強調する

ひとつは「新しさを強調する」です。人は新しいものに関心を持ちます。言い換えると新しくないと見向きもしません。しかし、ここでいう新しいとは、技術的とか理論的に新しいということではありません。本当に新しいものなんてそうそうありません。

ここでいう新しさとは、「新しく感じられる」ということです。新しさを感じさせる言葉を組み合わせるだけでもかなり違います。たとえば、「これについて書くのは初めてです！」と書くだけで新しくなります。「人生初！　〇〇をやってみました」と書けば、「初感」が出ます。こんな感じで工夫してみてください。

②敵をつくれば味方ができる

ふたつ目は、「敵をつくれば味方ができる」です。

「旗色鮮明」という言葉があります。要するに、「今の状況がどうなのか、ハッキリ示す！」

ということです。

人間は曖昧なものを嫌います。ハッキリしろよ！と思います。でも、他人にはそう言うのに自分自身はなかなかハッキリできないという人が多いです。嫌われるのが怖いのでしょうね。

ハッキリするということは、自分の立ち位置を明らかにするということです。

「敵が多い。だから私は幸せだ」

これは、橋本恒夫さんが書かれたピエール・カルダンの広告に使われた言葉です。

敵が多いということは、その分、エッジが立っている。嫌いな人がいるからこそ、対立軸としての味方ができる。

まさに作用反作用の法則です。

敵が多い人というのは、その分、個性が明瞭だということです。だからその〝個性〟を求める人だけが集まり、やってくる。そこにこそ、まさに本当のファン＝ファナティック＝狂信者が集まる。

この狂信者を集める行為を「ブランディング」と言うのです。ビジネスはファンづくりから始まります。

あえて敵を設定する。これ、大事です。

敵を明確にして、反作用としての味方を見つける

嫌われることを怖がる人が多いです。当然だとは思います。嫌われたくないから、全方位的にみんなに好かれようとする。これを八方美人と呼びます。

私が敬愛するコピーライターの巨匠・仲畑貴志さんの本に、「みんなに好かれようとして、みんなに嫌われる」というのがありますが、まさにそうなるのです。

私たちはしょせん、世界中の人とつきあうことなんてできません。だからこそ、敵を明確にして、反作用としての味方を見つけるべきなのです。

敵をつくるバズタイトル、工夫してみてください。

09 年賀状のコピーを変えて、バズらせる

~使い方次第で年賀状がバズフレーズに~

たかが年賀状、されど年賀状

年賀状って、いまだに出していますか?

私はある理由があって、起業した翌年から出していません。

しかし、否定しているわけではありません。使ってマイナスということはないし、上手に使うと素晴らしい効果が出る場合もあるのです。そう、使い方によっては見事なバズフレーズを生み出すのです。

若手の仕事になっている年賀状づくり

あるとき、私は自分たちでつくった会社の役員をやっていました。企画と営業の担当です。日々、多くのクライアントに会い、提案をして、仕事を得る、という日々を送っていました。

ある日、大きな仕事に発展させたいなと思いながら通っていた某巨大食品メーカーを訪問しました。日本でも、いえ世界でも有数の企業です。私の会社はその企業から小さな仕事を依頼されるものの、安定的な仕事や金額的に大きな仕事にはつながらない状態でした。それをなんとか「メインクライアント」と呼べる存在に育てる、というのが営業部門の責任者である私にとっての喫緊(きっきん)の課題でした。

私の窓口になってくれていた課長さんと雑談をしているとき、ちょうどそこに彼の部下がやってきました。何やらちょっとした原稿を見せて確認をとっている様子でした。雑談が終わり、さりげなく「さっきのは何ですか？」と訊くと、年賀状の原稿だと言います。若手社員に年賀状の文面を考えるように指示してあるんだけど、気の利いたものが出てこない。「結局はギリギリになって、見本にあるようなありきたりの文面になっちゃう。これを毎年続けてるんですよ」と彼は苦笑いしながら言うのです。

そこで私は一計を案じました。帰社後に部下の若手を呼んで、あることを調べるように指示します。ざっと2時間後、2人の部下から資料を受け取ると私は考えを巡らせます。そして深夜までコピーを考え、翌朝再度チェックして、朝一番で会社を飛び出し、課長さんのところへ走りました。

年賀状のコピー案を提案して、大型受注に！

私が持っていったのが何かというと、クライアントに進呈する年賀状のコピー案です。部下に調べさせたのはここ1年ほどのクライアントに関する情報です。いろんな記事に書かれたクライアントの社長の談話とか、ホームページから拾えるクライアントの思想信条、商品開発に関する思いや願い、広告にこめられた消費者への祈り。そんな情報でした。

その情報をベースに私はコピー案を50種類ほど考え、それを持参したのです。そして、「昨日年賀状のコピーでご苦労されているようでしたので、余計なお世話かとは思いましたが、年賀状のコピー案を考えてみました。よろしければ使ってください。加工、変更お好きにどうぞ」と言い添えました。

課長さんは驚いていましたが、パラパラとめくると、「これ、支店長に相談しますね！」と言ってくれました。私が通っていたのは東京支店。支店といっても売上は２５００億円と、ひとつの巨大企業です。支店長は本社の役員でもあり、東京支店長を無事に務め上げると本社の社長への道も開けるというすごい規模でした。

社に戻って仕事をしていると、早速課長さんから電話が入りました。結論からいうと、「支店長がとても気に入ってくれて、２案のうちどちらかを使わせていただきたいと言っている。よろしいですか？」という確認の電話でした。私に否はありません。すぐに飛んでいき、意見を伝え、ひとつの案に決めました。

それからしばらくして年末、お正月がやってきました。

私は年明けに出社し、郵便受けに届いている年賀状を担当別に仕分けしました。そこには、私の会社宛てに送られた、私が書いたコピーが輝くハガキが混じっていました。

私はすぐに課長さんに電話を入れました。

「年賀状、届きました。本当に使っていただけたんですね。感激です！」

謝意を伝えると課長もすごく喜んでいて、「支店長が本当に喜んでくれていて、中山さんにはちゃんとお礼をするように！　と言っている」とおっしゃるのです。

それから1週間ほど後、私は課長さんから誘われて、お酒を飲む機会を得ました。

「お礼をしたいのだけど、何が良いですか？」と訊いてくる彼に、私は、自分の会社のことを改めて説明しました。どんな仕事をやっているか。何が得意か。これまでに手がけた主な仕事など、たくさん話しました。どれもほとんどは課長の知らない話でした。「そうか、仕事を用意するのが一番だね、そうしましょう！」。

数日後。課長から連絡が来てオフィスに伺うことになりました。おもむろに出された書類には、私の会社に依頼したいという仕事が複数書かれていて、それぞれの見積りが欲しいということでした。結果、見積りは無事に通り、総額で1000万円を超える業務と、以降、何年も続くことになるレギュラー仕事を手にすることになったのです。

小さな仕事にこそ、売り込むチャンスが潜んでいる

たかが年賀状。されど年賀状。手間をいとわずに行った小さな提案が、大きな成果につ

ながった瞬間でした。クライアントのなかでバズったのですね。

どんな会社にも、やらなくてはいけないけど面倒で、若手に押しつけられる仕事が必ずあります。結局、時間がないなかでおざなりになっています。年賀状のコピーなんかはまさにそれで、結局、「謹賀新年、あけましておめでとうございます」「賀正」のようなステレオタイプの文面になってしまう。そこに自社としての考えや希望、願いなどをしっかりと入れたいんだけどできないということが多いのです。

そこに気づき、上手に提案すると「こんなことが起きる！」という典型的なお話です。

10 自己紹介を変えて、バズらせる
～自己紹介は、その場にいる相手との唯一の結節点～

ありきたりの自己紹介は逆効果

人の自己紹介を聞いていると、本当に腹が立つことが多いです。ムカムカします。最初からキレていますが、本当にそうなんです。どうしてかというと、伝わらないから。何らかの仕事につながるかもしれない人がたくさんいる場で、せっかくの自己紹介の機会をもらっているにもかかわらず、社名と名前だけしか言わない人が実に多いのです。「株式会社吉田の高松と申します。本日はよろしくお願いします」みたいに。加えたとしても業種くらいです。ハッキリ言って「アホか！」と思います。

私が一番嫌いなのは「公務員です」とか「営業をやっています」といった手抜きフレー

ズです。「公務員？　警察官も国立病院の医者も、市役所の受付もみんな公務員なんですけど！」と怒るわけです。「営業をやってますって、何売っているんですか！」みたいに腹が立つわけです。

自己紹介の工夫ひとつでブレーク！

しばらく前、こんなことがありました。ある会合に私はゲストで呼ばれました。私がビジネス書の著者であることは会場の方々に周知されています。ある若い女性がやってきて名刺交換を求められました。彼女の名刺には「ライター」とだけ書かれています。

私は尋ねました。「どんな内容のことを書いてるの？」と。彼女は言いました。「実は理系の大学を出ていて、そもそもが理系なので、サイエンス系の記事が得意です」と。

「だったら、ちゃんとそう書きなさいよ」と私。彼女はぽかんとしています。「あなたの得意分野を誰にもわかるように書くんですよ。たとえば、『リケジョライター○○○。理系テーマの原稿ならお任せください。50人中1人しか女子がいない理系の大学を出ていまず！』とか」とアドバイスしました。彼女は一生懸命それをメモしていました。

それから2週間ほど経った頃、彼女から電話が来ました。出てみるとお礼の電話です。私が思いつきで伝えたセンテンスを使って名刺をつくり直し、それを手渡したりそのセンテンスに沿った自己紹介をするようにしたら、すごい勢いで仕事の依頼が来るようになったと言うのです。それまでとはまったく違う驚天動地の動きだと言うのです。

私は言いました。「当然だよ。それまでは伝わっていなかった。それが伝わるようになった。それだけのこと。自己紹介を変えたことで、あなたのような人を探していた人の目に留まるようになったわけです。それまでは眼に留まっていなかった。どれだけ名刺を配っても自己紹介を語っても、あなたはその場にいなかったと同じなんです」と話しました。

彼女はそれ以降もどんどん仕事を増やし、今や会社を構えるまでになりました。私も仕事を紹介したり、場合によっては調べ物を依頼したりしています。

自己紹介は、その場にいる人とあなたの唯一の結節点です。会費を支払って参加するなら、その会費が無駄になるか、はたまたそこから大きな仕事や価値ある業務につながるか。その分水嶺になるのです。

自己紹介文をバズフレーズにするだけで、これほどの変化が起こります。ぜひチャレンジしてみてください。

11 キメのフレーズをバズらせる

～ビジネスに対するポリシーを前面に打ち出す～

ここでは、私がずっと口癖にしているフレーズを紹介しながら、結果、それをバズらせる方法をお教えします。

「見積りは有料で受けろ！」

見積り書というのは、最終的な受注額を決める、実に重要な書類です。仕事のエッセンスと言っても良い、重要な書類です。

それを正確につくり上げるには、仕事に対する精緻な知識と、全体を把握する洞察・俯瞰力が必要です。つまり、手間と知恵が不可欠です。

そんな大事な見積りを無料で受けてどうするんですか？

無料を嫌がる相手なら、それはつきあわなくてもよい相手です。所詮は自分都合の、本気ではない相手です。

見積りの重要性をわかる人なら、多少の金額は許容してくれるはずです。結果、仕事の依頼につながる確率は圧倒的に高くなります。

「仕事が欲しい！」という一心で、見積り書をホイホイつくっていると、いつのまにか、「相見積り専門の噛ませ犬」にされてしまいます。そうなってしまった人を私はたくさん見てきました。

何度も言いますが、見積りは「仕事のエッセンス」です。そのエッセンスを垂れ流す人は決して尊敬されませんし、軽く見られます。

勇気を持って、「見積りは有料！」と謳ってみてください。活路が開くこと、請け合いです。

商品はそれで喜んでいるのか？

商品にはそれぞれ意志があり、人格があります（少なくとも私はそう思っています）。

ということは、商品にも主張があるハズですよね？

「こんな売り方はされたくない！」

「こんな叩き売りみたいなやり方では、自分の魅力が伝わらないじゃないか！」

商品は怒っているはずなんです。

だから販売方法を考える場合、必ず胸に訊いてみましょう。

「商品はその売り方で本当に喜んでいるだろうか？」

自分が売っていたり、扱っていたりする商品に対し、愛情がなさすぎる人が多すぎます。

商品というのは、勝手に売れていくのではなく、売っている人の意志によって売れていくのです。

あなただって同じはずです。あなたのことを、全然、的外れな紹介をされたら腹が立ちますよね？　それと同じです。商品には、極上の愛情を注ぎましょう。

名刺は複数持て！

相手が求めているものが人それぞれ違うのに、なぜ名刺だけは同じ1種類で済ませようとするのか。意味がわかりません。

極論すれば、名刺は相手一人ひとりに対して全部違ったものでもよいのです。名刺の〝し〟は「刺す」という字です。相手の心に刺さり込まなくてはいけません。その刺さるべき名刺が、誰にでも同じ内容でよいはずがありません。

一人ひとり変えるのはさすがに無理ということであれば、せめて何パターンかを用意し、相手によって使い分けるようにしませんか。効果は抜群です。

名刺は、交換したその場で読んでもらうため、そして、出会った瞬間の理解度を最大化するためのものです。

しかし、昨今、とても失礼極まりないスタイルの名刺が幅を利かせています。それは詰め込み型の名刺です。ジャバラ型でビラビラと開くタイプのもの。何ページにも製本されたもの。折り紙のように折りたたまれ、開くとA4サイズとかになっちゃうもの。

あり得ません。「読んでくれるな！」と言っているようなものです。

とくに交流会などの多くの人が集まる場で、そんな失礼な名刺を渡すことは、まさに礼儀知らず、噴飯(ふんぱん)ものです。

工夫して、そぎ落として、できるだけコンパクトな名刺にする努力をしましょう。

12 会社案内をバズらせる
～バズらせることができれば捨てられることはない～

パンフレットとかカタログを捨てることに罪悪感を感じることはあまりないのではないでしょうか。配る側の視点に立つと、実はあまり効果がないということになります。

では、どうすれば捨てられにくい会社案内・パンフレットになるか？　答えは二つです。

①値段をつける

カタログやパンフレットに定価をつけます。もちろん実際には無料で渡すのですが、予め価格をつけておくのです。パンフレットやカタログに比べて、本は捨てにくいと思う人が多いのではないでしょうか。そこからの発想です。

②今は不要でも、いつか必要になりそうと感じさせる言葉を入れておく

私が小さな会社を率いていた頃の話です。

会社案内のトップに、

「日本で一番の食品会社社長から贔屓(ひいき)にしていただいています！」

というフレーズを表紙にドーンと載せていました。

そして、その下に小さく、

「広告、販売促進、コピーライティングで、御社の商品を売れっ子に仕立てます！」

のようなことを書いていました。

これで「この会社は超一流の会社から頼られている、広告と販促の会社だ！」というこ

とが伝わります。ですから、「今は必要なくても、いつか相談をするべき時期が来るかも？」と感じてもらい、捨てられずに取っておいてもらえるのです。ここが分かれ目です。

取ってさえおいてくれれば必ず目には留まるし、何かの折に思い出してもらえる。いわゆるリマインド効果です。捨てられてしまってはこうはいきません。記憶から抹消されてしまうからです。

このように、せっかくお金と手間をかけてつくったパンフレットやカタログも捨てられてしまっては意味を成しません。つまりつくらなかったのと同じです。でもコストはかかっているわけで、まさに浪費、空費です。それではダメなのです。

捨てられないためには、工夫と努力が必要で、それは決してパンフレットの厚みとか、詳しい会社案内とか、秀でたデザインとかではなく、相手の心に残る、刺さる、刺さったまま抜けない言葉＝バズフレーズの存在です。これがあるのとないのとでは雲泥の違いが生まれます。ぜひ工夫してみてください。

13 挨拶ハガキをバズらせる
〜挨拶ハガキも重要な売り込むツール〜

相手が知りたい〝自慢話〟を盛り込む

独立したり、引っ越ししたりするとき、何らかの形で挨拶状を送ることがありますよね。その挨拶状、あなたはバズらせているでしょうか。

挨拶状ひとつとっても、バズフレーズを上手に使うことで、大いなる武器に変えることができるのです。

一般的に挨拶状には挨拶を書くものですよね。それは間違っていません。しかし、よく考えると、挨拶以外のことを書いてはいけないという決まりもありません。

つまり、挨拶状は「そのタイミングで伝えたいこと、伝えなければいけないことをキチンと盛り込む」ことが正しいわけです。

では、挨拶以外にどんな内容を盛り込めばよいのでしょうか。

答えは、自慢話です。

もちろん自慢話といっても、偉そうな話をするのとは違います。

あなたの自慢話が、読む人にとって、「私にも欲しい！」とか「恩恵に浴したい！」と思われるような自慢バズフレーズを入れるのです。

たとえば、こんな感じです。

「まだお話ししていなかったかもしれませんが、私、実は10人以上の社長さんからの依頼で、毎週ブログを書いています。つまりブログ代行です。今、おつきあいさせていただいている社長さんはみなさん、私が書いたブログから新規クライアントを続々と獲得していらっしゃいます。もしご興味がありましたら、資料をお送りすることもできます。もちろんお会いしてお話をすることも可能です。無理な営業やごり押しの売り込みは絶対にしませんのでご安心ください」

このような文章を入れ込むわけです。

これだけで一定確率で興味を持ってくれる方は出てきます。これはもう、必ずです。

パーソナルメディアは使いよう

最初にもお話ししましたが、挨拶状には挨拶以外書いてはいけないというルールは一切ありません。

逆にそれまで伝えていなかった大事なことを改めて伝え直す良い機会と捉えて活用すべきです。

私は起業するとき、この挨拶状を起点に、結果として、数千万円という仕事を生み出しました。そして、そのことが私に大いなる勇気をくれ、またフリーでやっていける自信を与えてくれました。

どんなパーソナルメディアも使いようです。ぜひやってみてください。

14 企画書のタイトルをバズらせる

～熱のこもったタイトルで勝負する～

ワクワクするタイトルでコンペを勝ち抜く

ある日、友人が経営する小さな広告代理店からヘルプの声がかかりました。

比較的大規模なプロジェクトのコンペ（広告案を提出して、採用された会社に仕事依頼が来るという、オーディションのようなもの）に参加するので、知恵を貸してほしいという依頼でした。

内容はと言えば、誰もが知っている大手食品メーカーが発売する予定の調味料をいかに売るかという提案でした。

コンペに参加する企業は全部で7社。大手の広告代理店も参加し、相手にとって不足はない。そんな状況です。

そのときの提案内容についてはここでは書きませんが、私はプレゼンテーションに際して、ある一手を打ちました。

それは、企画書のタイトルです。

通常、企画タイトルは、「○○（商品名）販促案」のような凡庸なものが多いです。私自身、ある食品メーカーに2年近く出向していたことがあり、そのとき外部の広告会社から提案を受ける立場を何度も経験していたのですが、とにかくタイトルがつまらない。正直、まったくワクワクしないんです。

ワクワクしなければ、提案内容に対しての期待など湧きようがありません。期待が湧かなければ、「ぜひこの会社と仕事がしたい！」という熱も上がってはきません。

そんな思いを何度も経験していたからこそ、私はコンペの提案書を熱のあるタイトルで飾りたいと思いました。そして、元来、「○○の販促策に関するご提案」となっていた最低のタイトルから、

「日本で一番の飲料会社社長が絶賛してくださった販促手法を組み込みました」

というタイトルに変更したのです。

このタイトルは、私が以前、某ビールメーカーの社長さんから依頼されて実現した販促企画のエッセンスを取り入れて構築した企画ですよ！　という意味合いをこめてのものです。

企画内容を説明する前から、提案先の主要スタッフはこのタイトルに興味津々（しんしん）でした。「早く内容を知りたい！」「どんなアイデアが組み込まれているのか？　早く読みたい！」そんな思いが伝わってきました。

結果、私たちのチームは勝利しました。

タイトルでビジネスを変えることができる

提案書を一緒につくったスタッフはこのとき、タイトルの重要性に目覚めました。そしてそれ以降、「○○に絶賛された手法シリーズ」という切り口で、次々に企画を立案するようになりました。

コンペの勝率は飛躍的に上がり、会社の受注額＝売上も劇的に伸びました。友人の会社は一気に規模を拡大し、今では押しも押されもしない、特徴ある仕事をする中堅の広告会社として存在を誇示しています。

タイトルは大事です。たった1行で、仕事を、ビジネスを、会社を変えるチカラを持っています。

そのことを痛感した出来事でした。

15 看板のコピーを、バズらせる
〜キャッチフレーズが営業マンになる〜

「こだわり」をキャッチフレーズにこめる

九州に、ある工務店があります。今の社長は２代目で、先代の時代から地域に密着した活動を行い、地道に業績を保ってきました。

しかし、なかなか大きく化けることができません。言ってみれば頭打ちです。

そこで、２代目は考えました。何か起死回生の一手を打ちたいと。

しかし、大きな宣伝広告費を使えるような予算もないし、チラシをどれだけ撒いても、成果は出ません。

そこで目をつけたのが、キャッチフレーズです。

彼の会社には、先代時代から続く、キャッチフレーズがあります。

「家造り30年　○○工務店」という、いささか平凡な、正直、インパクトに欠けるフレーズです。

そこで2代目はそのキャッチフレーズを「地域の見込み客へのメッセージにしよう！」と考えました。そして、試行錯誤の上、自分が一番こだわっている空間づくりを訴えていこうと決めました。

そうして生まれてきたのが、

「家は造りません。人の暮らす空間を創る会社です」

というフレーズでした。

キャッチフレーズで、冷やかし客が激減した

社名しか書かれていなかった看板も、このフレーズに変更しました。折込広告にもこの

フレーズをメインで差し込むようにしました。社員の名刺にもこのフレーズを大きく載せました。

しばらくすると、看板を見た地元の人から問い合わせが来るようになりました。名刺を渡した見込み客から営業のスタッフに頻繁に電話がくるようになりました。何よりもチラシの反応が３倍以上になりました。

しかも、見積りだけを欲しがるいわゆる冷やかし客ではなく、本気で家づくりを考えたい、絶対に失敗したくないお客さんが多く押し寄せてくれました。

このワンフレーズを加えただけで、変更初年度に売上は２倍、利益は３倍以上に向上しました。

２代目は言います。

「たかが言葉だと思っていましたが、今は、言葉様々ですよ。これからももっともっとインパクトのある言葉を考えて、地域のお客さんたちに訴えかけていこうと思います」と。

16 見積書でバズらせる

〜見積書が一気にＰＲツールに変身する〜

見積書は担当者の上司へとつながっている

見積書を単なる書類と思っていませんか。何の面白味もない数字の羅列。確かにそう思われても仕方がありません。

しかし、その見積書が一気に、「ＰＲツール」に変身するとしたらどうでしょう？

たとえば、こういうことです。

私がメーカーＡからリサーチの依頼を受けるとします。この際、見積書は、多くの場合、Ａの担当者→Ａの上司（複数の場合も多い）→経理部→役員という感じに動きます。

この場合のポイントは「Ａの担当者→Ａの上司」の部分です。

企業内では、部下が使っている外注先を上司は詳しく知らない場合が往々にしてあります。つまり、よく知らないのに、部下が判子を押しているからというだけの理由で判子を押すことが多いわけです。

そして、その上司は自らも業務をやっています。私がリサーチ会社だとすれば、上司も優秀なリサーチ会社は知っておきたいわけです。

見積書のタイトルひとつにも手を抜かない

ここで見積書の登場です。

私がよく使った方法として、見積書のタイトルの工夫があります。

たとえば、普通の見積書でも、タイトルを、

> 「女子高校生のカバンのなかを合法的に覗き(のぞ)、内容を分類・分析するためのモニターアンケート費用」

などというタイトルにするわけです。すると上司は、「え？　面白いことをやれる会社があるんだな？」と認識し、ひょっとすると部下に「一度ここを紹介してよ！」となる可能性が大きいです。

私が実際に新規で仕事を得た例でいうと、

「オートロックで住民以外は入れないはずの高層マンション住人30人に購入経緯をインタビューする業務」

と書いたことがありました。

もちろんこんなインタビューはそうそうできるものではありません。

結果、このタイトルに興味を持った役員から、その会社に対し大がかりな説明会をやらせてもらうまでになり、そこから年間の大きな柱になる仕事を複数獲得しました。

これが「タイトルに独り歩きをさせ、仕事につなげる」という意味です。

つまり、この見積りタイトルが、クライアント内でバズフレーズに育ったわけです。

見積書といっても、誰の目に触れるかなんてわかりません。できる工夫はしておいたほうが良い。そう思います。
見積書のバズフレーズ化。ぜひチャレンジしてみてください。

17 暑中見舞い、寒中見舞いをバズらせる

〜大量のハガキに埋没するリスクを避ける〜

あえてハガキの少ない時期を狙って出す

先ほど「年賀状のコピーでバズらせる！」という話をしました。暑中見舞いとか寒中見舞いもそれと同様です。

では、ここで質問です。あなたはいつ、暑中見舞い、寒中見舞いを出していますか？「暑中見舞いは夏、寒中見舞いは冬でしょ？」と答えた方。間違いではないですが、ハズレです。なぜかと言うと、それでは埋もれてしまうからです。

他の人からたくさんハガキが届く時期に同じように送ったのでは、埋もれてしまいます。つまり、あなたのインパクトが残りません。大事なのは目立つこと、記憶に残ることです。

そのためには、他からのハガキが届かない時期のほうが良いのです。一般に暑中見舞い、寒中見舞いが送られてくる時期を少しズラすのです。それだけであなたのハガキがお相手にじっくり読んでもらえる確率は大きく上がります。

これは書き方の工夫とは異なりますが、あなたの行為をバズらせる賢い方法です。

私自身も、「ギフトは贈りたくなったときがギフト時」というフレーズを勝手につくり、他の人や会社が贈らない時期に、お歳暮・お中元を贈っていました。そこから仕事や新たな素晴らしい人脈につながったケースは数え切れません。

バズるには、そのための条件が必要です。そこも常に考えながらやるようにしましょう。効果倍増です。

18 教えをバズらせる
～揺るがぬ思いを抱きつづける～

サッカーを通じて、日本と世界に橋渡しを

大分で日本のサッカー界のために骨身を削る男性がいます。藤川拓さんです。

彼は、株式会社モデレーションという会社を経営しながら、サッカーを通して、日本と世界の橋渡しをすることで人々の暮らしを豊かにするため活動しています。

藤川さんには生まれつき、右の耳が欠けていました。もちろん音も声も聞こえません。左の耳はちゃんと聞こえるのですが、そのことで小学校ではいじめにも遇いました。

しかし、そのハンディキャップのせいで、周囲の目が異常に気になり、学校に行きづらくなっていた頃、一つの光に向かうように、障がい者というレッテルから抜け出したい一

心で、サッカーが上手だった兄を追ってサッカーを始めます。

幼いながらに、自主的に朝練をし、放課後には公園で３学年年上の選抜に選ばれていた兄と練習する毎日。めきめきと腕を上げ、地元の選抜にも選ばれ、いずれはプロになると自他ともに認めるまでになりました。

しかし、中学に入ると、サッカーをまともに教えてくれる指導者がいません。

そこから紆余曲折があり、彼はサッカーの新たな事業を始めます。地元大分でサッカークラブを立ち上げ、次いでサッカーの国際交流、育成の会社をつくるのです。

地元ＦＣ・ＲＥＧＡＴＥ（レガーテ）とは、スペイン語で、「ドリブル」という意味です。何もないところから、幾度も壁に向かってチャレンジし続けて10年以上が経ちました。この名称には、「サッカーのドリブルだけでなく、人生の様々な壁を突破していこう！」というスタッフ全員の熱い想いがこめられています。

もうひとつ、株式会社モデレーションはサッカーを通して、日本と世界の橋渡しをする、国際交流の橋渡しをすることで人々の暮らしを豊かにするために設立された会社です。

詳しくは後ほど説明しますが、そんな次々と夢を叶える藤川さんの信念と思いを支えている「ある言葉」があります。

それは彼の母がいつも聞かせてくれた言葉でした。

彼の母は地元局のアナウンサーでした。毎日、彼を寝かしつけながら、母は、「夢は叶うのよ。私は叶えたの」と口に出しました。

そして、ふと次の日の朝テレビを観ると、母がブラウン管の中でニュースを読んでいる。

これは藤川少年にとっては強烈な体験でした。

「事実、ここに夢を叶えた人がいる。だから信じて良いんだ！」。藤川少年の心に、「夢は叶う！」という言葉が実体として根づいた瞬間でした。

この「夢は叶う！」という言葉自体はある意味、ありふれた言葉です。

しかし、そんなありふれた言葉でも、「誰が誰に言うか」によって実に大きな意味を持つのです。

そして、その言葉はその仲間たちの共鳴を呼び、広がっていくのです。

藤川さんは、14年前から南米のスラム街に出向き、サッカーボールを届ける活動をしています。

ブラジルなど南米のナショナルチームの選手はそのほとんどがスラム街出身で、サッカー選手になる想いが他の地域の子どもたちとはまるで違います。家族のため、その日のご飯を食べるためなど、死に物狂いで生きています。そんな人生を歩んでプロサッカー選手になった選手たちに憧れて日本の子どもたちはレベルアップしてきました。スラム街にサッカーボールを届けることでサッカーができる環境を増やし、もっと素晴らしい選手たちが出てくることによって日本、ひいては世界のサッカーの発展に貢献したいと考えてのことです。

長い時間がかかる取り組みです。即、成果につながるものではありません。

しかし、彼は日本人で初めてその活動を続け、現地でも表彰されるまでになりました。日本と海外をつなげる活動をする中で、現在レアル・マドリードの下部組織に日本人で唯一所属している中井選手をレアルに入れた際の関係者と再会しました。この人は日本のサッカーを危惧し、本当に強くしたいという想いから関東地域の子どもたちを毎年数百名以上海外の国際サッカー大会に参加させています。海外でトップレベルの選手たちと触れ合うことで世界レベルを体験し、自分の現在地を知り、新たな目標を持って精進していく。世界大会に参加した選手たちはその多くが1年後には必ずステップアップしています。２０１６年、藤川さんが実際にドノスティカップを視察に行った結果、これは絶対に日本サッカーの貢献につながるという確信を持ち、選手のために、また昨今のサッカー指導者の環境を良くするために、誰もやらないならば自分たちがやろうと決心しました。中井選手と出会い、世界に通用する選手を出すために、少年や中学年代から世界を感じることの必要性を感じ、たった一つでも武器を持った選手の可能性という宝を引き出すことを目的に世界大会派遣プロジェクトは立ち上がりました。そして、日本のＪリーグを立ち上げた故木之本興三さんと14年間お付き合いさせていただくなかで、亡くなる数日前に木之本さんから「次の日本サッカーは君が背負え」と仰っていただいた言葉が胸に突き刺さり、その言葉が今の活動につながっています。その思いからこの会社は生まれたのです。

藤川さんは今の学校教育だけでは、これからの時代に対応できる人は育ちにくいと考えています。そこで、サッカーを通して次世代に通用する人づくりに貢献できたらという想いで少し変わった「サッカーだけを教えない」人間教育塾としてサッカークラブを２００６年に設立し、スタッフ一同、選手たちにチャレンジをし続けてほしいという想いから、時にはスタッフ自身「失敗」を選手に見せながらも、その失敗から学ぶことを教えていけたらと考えており、選手たちとスタッフたちが一緒に成長する形を目指しています。

ＯＢでは、高校サッカーでキャプテンをする選手の率が非常に高く、高校サッカーの監督さんからも評価をいただいており、中には足が早くなりすぎて、先日のマラソンＭＧＣ

ファイナリストとして日本で４位でしたが、元駒沢大学の山の神と言われた選手もこのクラブ出身です。海外に興味を持ち、実際に海外に出向いているＯＢも数え切れません。ある２人の選手は中学から日章学園中学（宮崎県）に全額負担の推薦で進学させ、見事大会でレギュラーとして日本一に輝く活躍をしました。

藤川さんは、これからも次世代に通用する人間育成の軸を外さないよう、自らチャレンジしつづける姿勢は変わりません。現在、スタートアップで上場を目指すべく、海外を飛び回り、世界のサッカービッククラブとアプリ開発をしています。常にチャレンジャーです。去年は県やサッカー協会など巻き込み、日本最大規模のサッカー国際大会を行い、バルセロナなど数か国を地元の大分に招待しました。

彼の生き方そのものが、選手たちへのメッセージなのでしょう。

19 愛称をバズらせる　キャッチフレーズで、千客万来！

~唯一無二感で、キャッチフレーズが独り歩きする~

キャッチフレーズとニックネームをリンクさせる

「キャッチフレーズが大事なのはわかってるよ！」

そうおっしゃる方はたくさんいます。

しかし、大事だとわかっていても、効果のある、集客に直結するキャッチフレーズを考えるのはなかなか大変です。下手をすると逆効果にすらなりかねません。

「キャッチフレーズ」と言うと、どうしても難しく考えすぎてしまったり、逆に思いが強すぎて、受け取る側からすると意味不明な言葉になってしまったり、あるいは「短くなければいけない」という意味のない呪縛から、聞いても何も感じない言葉になってしまったりして、難しくなるのです。

このキャッチフレーズを、ニックネームとともに実に軽やかに使いこなし、次々と実績を上げている女性がいます。自らを「チャーミーハンター」と呼ぶ、リンダさんという女性です。

彼女のキャッチフレーズは、「あなたの魅力を鷲掴み、美と色彩のコンシェルジュ」というもので、「女性を応援したい」「キレイをお手伝いしたい」という思いが溢れています。

さて、最初の疑問です。そもそも、なぜ彼女はリンダと名乗るのか。

それは本名が林田だからです（笑）。林田をリンダと読んだのだ、と言えば、話はそこで終わりです。

この手のネーミングは結構ありますよね。ＣＯＬＬＩＮＳというビルのオーナーが小林さんだったり、センターフィールドという会社のオーナーが中原さんだったり、ラッキーマンという店のオーナーが幸男さんだったりする、その類です。

しかし、だからといって、決してリンダと名乗る必要もないわけで、そこには彼女の感性と、そして、ある意味の戦略が隠されていました。

彼女は多くの人の集まりでは、肩書きなしのリンダを名乗ります。

「ＬＩＮＤＡ」というワードを入れるだけで、「日本人だよね？　なんで？」と言われることはしょっちゅうです。

何より、ほぼ一発で確実に名前を覚えてもらえます。要はインパクトがあるだけでなく、記憶にも残るのです。

これ、強いです。「みんな憶えてほしい。でも、なかなかうまくいかない！」普通はここで足踏みします。しかし、リンダさんは軽やかにそれをやってのけます。

それから意味の強みもあります。

「ＬＩＮＤＡ」という言葉の意味にも、実は強みが隠されています。

「ＬＩＮＤＡ」とはラテン語で、「美しい、きれい」という意味があり、彼女の仕事にもピッタリです。これはもう必然なのかもしれないと彼女は言います。

実はリンダさん、今の仕事をする前はずっと、ローマ字で「ＲＩＮＤＡ」と書いていたのですが、最初に就職した会社の役員にそれを見られ、「リンダの最初はRではなく、Lにしたほうがいいよ」というアドバイスを貰いました。

その役員は元々大手商社でブラジルに長くいらした方で、言語にはとても詳しい方だったと言います。

そんなこんなで、人をきれいにする仕事にはぴったりの名前だと思い、のちにネイルアーティストやカラーリスト、洋服やジュエリーなどの取り扱いをするようになるなかで、雑誌に掲載される際も、アーティスト名として、ＬＩＮＤＡを積極的に使うようにしています。

また、「美と色彩のコンシェルジュ」「チャーミーハンター」というキャッチフレーズは、それぞれ、彼女をよく知る家族やお友達と一緒に、一言で伝わるキャッチフレーズを考えていたときに、「これはどう？」と奨めてもらい、組み合わせてつくったものです。

美や色彩と一言で言っても、内面や外見、両方にフォーカスする人は当時、あまりいませんでした。そこで、仕事の内容が多岐にわたる自分の仕事にはぴったりのフレーズだと思えたし、お客さまにもＬＩＮＤＡさんらしいと好評を得ました。

また、「チャーミーハンター」というフレーズは、魅力をちょっと引き出す、というのではなく、魅力を根こそぎ引き出す（鷲掴みしながら）という意味合いで、ハンター気質の彼女にはぴったりのイメージかもしれません。

今では、似合う色や服、メイクを診断するだけでなく、オーラカラーセラピーや半年、９カ月講座などで、潜在意識までフォーカスして、お客様のなりたいイメージに根こそぎチェンジしていく手法を採っています。

「チャーミー」という可愛らしいイメージと「ハンター」という野性的で能動的なイメージのギャップが唯一無二感があって面白いなと、気に入って楽しんで使っています。

今では多少比率は変わってきましたが（それでも8～9割）、新規顧客の9割程度が口コミから来ているのも、お客さまや友人のおかげというのは言うまでもありませんが、このニックネームやキャッチフレーズが独り歩きして、紹介が紹介を呼んでいるということなのだと思います。

「口コミを起こしたい！」「紹介が欲しい！」。言うのは簡単ですが、そうなるには仕組みが必要です。

口コミでリレーされていく、チカラを持った言葉がなければ口コミも紹介も生まれません。その意味で、ＬＩＮＤＡさんの手法はある意味、真似るに値するノウハウだと思うのです。

あなたもぜひ、意識してみてください。

第4章

さらに上を行く、
ハイパー・バズフレーズ
とは？

バズるフレーズを手に入れるには、「価値ある言葉」を用意しなければいけません。

では、「価値ある言葉」とは何でしょうか?

それは、人の気持ちをグンと動かす、推進力を生み出す言葉です。言い換えれば、自動車のエンジンに点火するキーのような言葉。

こうした点火力を持った言葉を、私は「ハイパー・バズワード」、そうしたチカラを持ったフレーズを「ハイパー・バズフレーズ」と名づけました。

たとえば、広告の例で説明しましょう。

以前、自動車業界ではスペック競争が華やかでした。燃費、走行性能、静粛性、積載量、最大スピード、デザイン等々。これらはすべてスペック=仕様です。

しかし、あるとき、自動車って、ヒトやモノを移動させるだけの道具に甘んじていて良いのだろうか、もっと他の価値もあるんじゃないのかと真剣に考えた人がいました。

ここがスタートです。移動以外の価値。たとえば、思い出づくりの道具とか。

「そう、自動車には思い出をつくり出すチカラもあるんだよ! そこを訴えようよ!」

こうして生まれたのが、「モノより思い出」という広告コピーでした。

このコピーは、多くの男性の心に火をつけました。たとえば、仕事の忙しさにかまけて、家族の、子どもの相手をせずにきてしまったパパたちの心に、「たまには子どもともも遊んであげないとな～」と火をつけました。

「でも自分の自動車は、クーペタイプ。これでは家族でキャンプになんて行けない、海に遊びにも行けない！」

そう気づいたパパたちは、ワゴン、バン、ジープなどの積載型の自動車に買い換えます。こうして街乗り型のクルマの市場が一気に噴出しました。

これがハイパー・バズフレーズのチカラです。まさに眠っていた男たちの「アクティブ心」に火をつけてしまったわけです。

この章では、あなたにそのハイパー・バズフレーズの生み出し方を伝授します。

長い時間、コピーライティングの世界で生きてきた私の、ある意味、集大成とも言うべきノウハウです。とくと身につけてください。

01 ハイパー・バズフレーズの威力
～相手の求めているものを言葉にして表す～

名刺が営業マンとなって仕事を運んできてくれる

「あなたは名刺を持っていますか？」

おそらく持っているでしょうね。

では、質問を変えてみましょう。

「あなたの名刺は、仕事を連れてきますか？」

こう問われたら、すんなり返すことができないのではないでしょうか。

そうです。前の章でもお話ししたとおり、バズフレーズが搭載された名刺は、名刺それ自体が営業マン（ウーマン）となって、あなたの代わりに仕事を連れてくるのです。

たとえば、

「消費者金融に払いすぎた過払い金。取り戻すのが得意です」

こう書かれた名刺を、消費者金融からお金を借りてやっとの思いで返済し終えた人が見たら、間違いなく飛びつくでしょう。一瞬で心に火がついてしまうはずです。

これこそがハイパー・バズフレーズなのです。

あなたの能力、あなたの商品、あなたの経験、あなたのノウハウ。

そんなカタチのないものに関心を向けさせようとするには、「相手が求めていること」を提示するしかありません。

その、相手の求めていることを見つけて、言葉にすれば、それがハイパー・バズフレーズになるのです。

02 ハイパー・バズフレーズに盛り込むメッセージ
～「何を？」と「どう？」をワンセットにする～

「どう書くか」ではなく、「何を書くか」

ハイパー・バズフレーズを考えるにあたり、最も重要なことは「何を書くか？」を見つけることです。

通常、ややもすると、「どう書くか？」にこだわりがちですよね？

カッコイイ言葉、インパクト重視の言葉。

言葉の迫力や切れ味だけを追求し、言い回しや言葉のつなぎ方、組み合わせなどにばかり目が行く人が多いですが、それは間違いです。

それでは、せっかく目の前にいる見込み客の心をつかむことはできません。

ひとつ、例を使ってお話ししましょう。

ある交流会で私が行った作戦

今からかなり前のある日。

私は、小さなマーケティング会社の役員を務めていました。会社のなかでのポジションとしては、社長に次ぐナンバー2の地位です。

実はその時点で、私はその会社を辞める気持ちを固めていました。理由はここでは書きませんが、とにかく退職するつもりでいたのです。

そんなある日、社長から、某銀行が主催する異業種交流会に社長の代理で出席してくれないかという声がかかりました。

私は二つ返事で承諾しました。会社の名前を一切使わずに、中山マコト個人として、どこまで通用するかを試す最高の機会だと捉えたからです。

会社名も会社の住所も、部署名も電話番号も一切書かれていない名刺を用意しました。

書いたのは、自分の名前、自宅の電話番号と住所。そして、

「良質なビジネス書を毎月40冊読破する会　会長中山マコト」

という肩書きを加え、その名刺を持って交流会に乗り込みました。

参加者の多くは経営者やそれに準ずる人たちでした。

当時の私が所属していた会社は、マーケティングの専門会社です。マーケティングプランニングやリサーチ、デザインワーク、コピーライティング、システム開発まで何でも手がける会社でした。

しかし、その名刺だと、どうも生々しいというか、仕事にまつわる内容の会話になりやすくなります。それでは会社の看板を使っているのと同じです。私はそれを避けようと思いました。

何も持たない、すっぴんの、徒手空拳の中山マコト個人としてその場に向かおうと思ったのです。

では、なぜこの肩書きにしたのか？

経営者には勉強好きな方が多く、読書家が多い。だからビジネス本に関する話題には必ず食いついてくれるだろうし、話題も盛り上がるだろう。そう踏んだわけです。

実はこれが「何を言うか？　何を語るか？」の部分です。

言い換えれば、ターゲティングでもあります。

経営者の集まる場所で、マーケティングの話をしても、各社とも色々なマーケティング会社とか広告代理店とのつきあいはあるはずです。ですから、深い話にはどうしてもなりにくい。

ですが、読書の話なら食いついてくれるだろう。そう想定したわけです。

で、この作戦は非常に功を奏しました。

名刺をお渡しした方の半分以上の方が関心を示してくれました。

「お！　本をたくさん読んでいらっしゃるんですね。最近、面白い本、ありましたか？」

とか、

「○○という本が良いと聞いたんですが、まだ読めていないんですよ。あれ、どうですかね？」

のような会話になるのです。

私は相手の方に職種などを訊いた上で、

「でしたら、△△さんの書いた○○という本はとても面白かったですよ。ざっとこんな内容ですが……」などと解説をします。

するとお相手はメモを取ったり、おつきの方に「その本、買っておいて！」などと指示を出します。

これできっかけづくりは万全、「私」という存在を刻んだ瞬間です。

しかし、これだけでは次につながりません。自己紹介ができただけです。

そこで、私はその日のうちに開いている書店に行き、当該書籍を買い、翌日の朝一番で自ら届けたり、あるいはバイク便で届けたりしました。

当時、バイク便は都内でも数千円したので、出費としては大きかったですが、これを5〜6人の方に対し自腹でやったわけです。

この行動は大きな成果につながりました。

本を届けたり、送らせていただいた方からは、本気のお礼をいただきました。まさかそこまでやってくれるとは思っていなかったんでしょうね。

そして、お礼がしたいとか、もっと詳しく話を聞きたいという流れになって、結果、私は自分のやっている仕事を説明でき、いくつかの仕事を受注することにつながりました。

この瞬間です。私の心のなかに「あ、会社がなくても自力でやっていけそうだ！」という自信の火が灯ったのは。

相手を見越して、その相手が関心を示す内容を提示する

お話を整理しましょう。

要は、相手を見越して、その相手が関心を示す内容を提示する。

そのことが何よりも重要で、仮に相手がピンとこない場合は、マーケティングやリサーチの話題をいくら投げかけても、こうしたつきあいにはならなかったということなのです。

ハイパー・バズフレーズとは、「相手が欲しいであろうもの、関心を示すであろうこと」を想定し、待ち伏せする言葉です。

相手が求めないもの、相手の要求からずれているものをいくら並べても、それは単なる空回りにしかなりません。

この例で言えば、マーケティングやリサーチのことをいくらかっこよく語ったところで意味がないということなのです。

03 ハイパー・バズフレーズの構成要素
~相手の心に、あなたを必要とする気持ちを目覚めさせる~

ハイパー・バズフレーズの3要素

中山流ハイパー・バズフレーズは、以下の3つの要素で構成されています。

①相手=見込み客が今、置かれている状況（ビフォー）
②あなたの持ち味、得意技
③今の状況が改善された後の望むべき状況（アフター）

この3つの要素を見つけ、言葉に置き換え、提示してあげるのです。

それだけで、確実に相手の心に火がつきます。あなたを必要とする、強い気持ちが目覚めます。

では、この３つの要素それぞれについて、もっと詳しく見ていきましょう。

①「相手＝見込み客」が今、置かれている状況（ビフォー）

まず最初にハッキリすべきなのは「見込み客が今、置かれている状況」です。つまり、「あなたは今、こんな状態ではありませんか？」と指摘してあげる役割の言葉です。

これを、ハイパー・バズフレーズメソッドでは「指名」と呼んでいます。

たとえば、カフェを始めた女性オーナーがいるとしましょう。そして、そのカフェが思うように売上が上がっていないとします。

要は、オーナーの抱えている現状は、「もっと売上を上げたい！　もっとお客さんを呼びたい！」ということになります。

その現状をフレーズにしてあげれば良いわけです。

つまり、

「カフェを絶対に成功させたいですか？」

と書く。

あるいは、

「絶対にカフェを失敗したくないですよね？」

と書く。

これで、指名は完了です。

仮に、今、カフェをやっていて、思うような成果が出ていない方、あるいは、これからカフェを始めるけれども、心配を抱えている方がこのフレーズを見ると、「あ、これは私のことだ」と気づいてしまう。

これが指名です。

この指名を受けると、指摘された問題を抱えている人、あるいは指摘されたような状況にある人は、振り向かざるを得ません。立ち止まらざるを得ません。

この、気持ちをピタリと止めてしまい、注目を集める状態を「ブレーキング力」と呼びます。そう、ハイパー・バズフレーズの1行目には「ブレーキング力」がないといけないのです。

②「あなたの持ち味、得意技」

あなたが、チラシで集客するノウハウを持っているとします。

自分でも店舗を抱えていて、これまで何度もチラシを使って集客しており、どう書けば、お客さんの集まるチラシがつくれるか、そのやり方を熟知しているとしましょう。そして、そのノウハウを、カフェの経営者に届け、成果につなげてほしいと考えています。

だとしたら、あなたが書くべきハイパー・バズワード＝あなたの持ち味、得意技はどうなるでしょうか？

「書いて配るだけでお客さんが勝手に集まるノウハウがあります！」

と書きましょう。

あるいは、

「集客力を一気に何倍にも増やすチラシ、つくりたくないですか？」

でもオーケーです。

要は、見込み客である、「集客に苦労・苦戦しているカフェのオーナー」が、喉（のど）から手が出るほど欲しい能力について、「その能力を、私は持っていますよ!」「あなたにその能力を授ける用意がありますよ!」と伝えるわけです。

欲しくない人なんていませんよね?

その「欲しい」という感情、「手に入れたい」という思い。それに着火する言葉が、この2行目です。

この時点で、見込み客は、一刻も早く、あなたのノウハウを知りたくてウズウズしています。

でも我慢です。ここで、だめ押しの1行を突きつけてあげましょう。

③「今の状況が改善された後の望むべき状況(アフター)」

少し気取った言い方に換えれば、「あなたが自分の能力を使って、見込み客を誘導する場所」ということになります。

見込み客が行きたくて行きたくて仕方ない理想郷。そう、ユートピアに見込み客が到達した状態を見せてあげましょう。

たとえば、「行列のできる店をつくりませんか？」と書きます。

あるいは、

「毎日お客さんで溢れ、売上の心配がゼロの店をつくります」でも良いでしょう。

もう一度言います。

見込み客が今抱えている問題とか不満、悩みやモヤモヤといった、ネガティブな感情がすべて消え、最高に気持ちの良い状態。これがアフターであり、ユートピアです。

この状態をイメージさせてあげることができれば、どんな人でも首を縦に振ります。

そう、「お願いします！」と。

ハイパー・バズフレーズを完成させる

ここでおさらいをしてみましょう。

まずは、①「相手＝見込み客が今、置かれている状況（ビフォー）」でしたね。


「カフェを絶対に成功させたいですか？」

「絶対にカフェを失敗したくないですよね？」

これがビフォー状態を指摘する指名のフレーズです。
次に、②「あなたの持ち味、得意技」を伝える得意技です。

「書いて配るだけでお客さんが勝手に集まるノウハウがあります！」

とか

「集客力を一気に何倍にも増やすチラシをつくりたくないですか？」

というフレーズでしたね。
そしてフィニッシュ、③「今の状況が改善された後の望むべき状況（アフター）」です。

「行列のできる店をつくりたくないですか？」

あるいは、

「毎日お客さんで溢れ、売上の心配がゼロの店をつくります」

というフレーズがそれに当たります。

さて、このフレーズを並べてみましょう。

ターゲットは、集客に苦戦しているカフェのオーナーか、絶対に失敗したくないカフェオーナー予備軍です。

【ハイパー・バズフレーズタイプA】
カフェを絶対に成功させたいですか？
書いて配るだけでお客さんが勝手に集まるノウハウがあります！
行列のできる店をつくりませんか？

【ハイパー・バズフレーズタイプB】

絶対にカフェを失敗したくないですよね?

集客力を一気に何倍にも増やすチラシをつくりたくないですか?

毎日お客さんで溢れ、売上の心配がゼロの店をつくります。


AとBそれぞれ、どちらが正しいということはありません。そこは好みの世界です。

重要なのは、3つの要素がしっかりと含まれていること。どれが欠けてもハイパー・バズフレーズは成立しません。

例題2

ではもうひとつ、例題を出しましょう。

あなたが税理士だとして、「もっともっと顧問先を増やしたい、業容を拡大したい」と願っているとします。

そのあなたが、ハイパー・バズフレーズを使って、新たな顧問先を獲得したい場合、どう書けばよいでしょうか？

まずは、①「相手＝見込み客が今、置かれている状況（ビフォー）」を指摘してあげる必要がありますよね？

正直、税理士はたくさんいます。しかも、外からは能力の違いはわかりにくいし、ほとんどの企業や店舗は専門の税理士をすでに雇っているものです。

そこに割って入り、顧問先として獲得するには、ライバルたちとは圧倒的な違いを見せる必要があります。

さて、そんななか、あなたの持ち味が「新規事業開発の提案力」だとしましょう。

過去にも、顧問先に対し、税務処理業務だけでなく、新規事業の提案をして、軌道に乗せたり、成功に導いてきた……と。

だとしたら、その新規事業提案力を打ち出すべきです。税務処理が得意だといくら叫んでも、そんなの当然ですし、差別化のポイントにはなり得ないからです。

加えて、企業はどんな場合も、新たに柱となる事業を常に模索しているものです。どんなにうまくいっている企業でも、未来への不安は大小の違いこそあれ、抱いているものです。ましてや経営自体が万全、盤石でない場合は、なおさら新規事業の開拓をしたいわけです。

そこであなたの出番です。ハイパー・バズフレーズで、新たな顧問先を獲得するチャンスです。

では、どう書けばいいでしょうか？

まずは1行目です。

「新たな経営の柱をつくりたくないですか？」

と書きましょう。

このフレーズが、今現在、未来への不安を抱えている経営者への指摘になります。こう言われて「ノー」と答える経営者はいないでしょう。

あるいは、

「もうひとつ事業の柱があれば安心なのにと感じてはいませんか？」

でも良いでしょう。
いずれにせよ、現時点で、「会社の未来への漠然とした、あるいは、明確な不安を抱えている経営者にはズン！」とくるフレーズです。

では2行目。②「あなたの持ち味、得意技」です。
ここではあなたの持ち味、得意技を披露します。一番望ましいのは、数字を伴った実績です。
たとえば、

「これまで3年間で14社の新規事業を開拓し、平均57％の売上アップを実現しました」

こう書かれたら、未来に不安の経営者は飛びつきたがるはずです。あるいは、すぐにチカラを借りたいと言い出すはずです。

また、もうひとつの方向として、「事業開発力抜群の税理士と言われています！」という表現もありですね。

そもそも、「税理士」と「事業開発」という言葉は、通常マッチしません。遠い言葉です。この本来遠い言葉同士をつなげることを、コピーライティングでは「二物衝撃」と呼びますが、この二物衝撃は、「お～！」という驚きを与えます。

だから、どうしても注目せざるを得ないわけです。

最後に三つ目の要素「③今の状況が改善された後の望むべく状況。アフター」です。

事業に不安を抱いている人が、どうなったらうれしいか？　どうなれば、毎日枕を高くして、安心して眠りにつけるか？　ということです。さて、どう書きますか？

「会社の未来への不安を取り除き、気持ちの良い眠りを取り戻しましょう」

という表現はどうでしょう？

いつも心配事を抱えていて、充分な眠りを確保できていない経営者にはズシンと刺さる言葉ではないでしょうか？

「好きなゴルフや趣味を思う存分楽しめる毎日を提供します！」


というフレーズもありですね。

世俗の不安から抜け出し、好きなことに没頭できる。そんな日々を誰もが夢見ているハズです。「そんな状態に連れて行って見せますよ！」という宣言です。

これで、新規顧問先を増やす準備はできました。

今まで用意したフレーズをつなげてみましょう。


【ハイパー・バズフレーズタイプC】

新たな経営の柱をつくりたくないですか？

これまで3年間で14社の新規事業を開拓し、平均57％の売上アップを実現しました。

会社の未来への不安を取り除き、気持ちの良い眠りを取り戻しましょう。

未来に不安な経営者なら間違いなくグッとくるフレーズではないでしょうか。

【ハイパー・バズフレーズタイプD】
もうひとつ事業の柱があれば安心なのにと感じてはいませんか?
事業開発力抜群の税理士と言われています!
好きなゴルフや趣味を思う存分楽しめる毎日を提供します!

これも資金繰りや売上確保、利益確保に汲々としている経営者なら飛びつくフレーズです。

あとは、あなたはこのフレーズを名刺に印刷して配るだけ。見込み客が食いついてくるのを待つだけで良いのです。

ハイパー・バズフレーズは長くてよい！

ここまで一緒に考えてきたハイパー・バズフレーズ。やってみてどうでしたか？　疑問はありませんか？

私自身、これまでたくさんのクライアントにハイパー・バズフレーズを提供してきました。そのなかで、頻繁に聞こえてくる疑問の声があります。

それは「こんなに長くて平気ですか？　こうした言葉って短いほうが良いと聞いたんですが……」といったものです。

お答えしましょう。

長くても平気です。というより、短くする必要はまったくありません。

理由は簡単です。

必要な要素が組み込まれていないものはハイパー・バズフレーズとは呼べないからです。無理に短くして、結果、必要なことが伝わらなければ、それは大いなる本末転倒です。意味のない努力です。

もちろん、だらだらと不要な言葉を並べ連ねて、結果、長くなるのはNGです。できるだけコンパクトにするために、ムダなものを削る努力は必要です。ですが、それは過不足のない内容になっていてのこと。

テレビCMのように、「15秒で完結！」のような制限条件があったり、狭い広告スペースに入れ込まなければいけないなどの条件つきの場合は別ですが、通常は、あなたが好きなように使って良いフレーズです。

短いことが決して偉いわけではありません。

ですから遠慮なく、長いフレーズをつくって、そこから無駄を削るという作業をするべきなのです。

04 ハイパー・バズフレーズのもうひとつの効能
～実体化に向けて、「自分の心に火をつける」～

火をつけるのはお客だけではない

ハイパー・バズフレーズは、見込み客の気持ちに火をつけるフレーズだとお話ししました。

これについては充分にご理解いただけたと思います。

しかし、ハイパー・バズフレーズには、実は隠されたもうひとつの大切な効能があるのです。

それは、「自分の心に火をつける」という効能です。

どんな意味か。解説しましょう。

ハイパー・バズフレーズを言い切るには、〝実像〟が必要

ここで今までつくってきたハイパー・バズフレーズを概観してみましょう。

カフェを絶対に成功させたいですか?
書いて配るだけでお客さんが勝手に集まるノウハウがあります!
行列のできる店をつくりませんか?

絶対にカフェを失敗したくないですよね?
集客力を一気に何倍にも増やすチラシをつくりたくないですか?
毎日お客さんで溢れ、売上の心配がゼロの店をつくります。

新たな経営の柱をつくりたくないですか？

これまで3年間で14社の新規事業を開拓し、平均57％の売上アップを実現しました。

会社の未来への不安を取り除き、気持ちの良い眠りを取り戻しましょう。


もうひとつ事業の柱があれば安心なのにと感じてはいませんか？

事業開発力抜群の税理士と言われています！

好きなゴルフや趣味を思う存分楽しめる毎日を提供します！


これらは「集客に圧倒的な力を発揮するチラシのつくり方を知っていますよ！」という宣言であったり、「新規事業提案は私に任せなさい」と言い切ることです。

これらの言葉を語るための、言い切るための条件って、一体何でしょうか？

30秒だけ考えてみてください。


30秒が経過しました。

答えはわかりましたか。気づきましたか。

そう、答えは実体化です。実像と呼んでも良いでしょう。

要は、宣言した以上、言い切った以上は、「本当にそれが伴っていなければいけない！」という当たり前のことです。

言ったは良いが、実は実力が伴っていなかったり、経験が浅かったりすれば、それは詐欺です。

あなた自身の評判が地に落ちることはもとより、クライアントに多大なる迷惑をかけることになります。

ですから、「言った以上は本物でなくてはいけない！」ということになります。

名乗った以上、本物でなくてはならない！

もし、あなたがチラシづくりの専門家を標榜したとして、まだ実力が不足していると感じたとしましょう。

その場合、あなたはどんな行動を取るべきでしょうか？


選択肢は2つしかありません。

ひとつは宣言を取り下げること。

なかったことにするわけです。

誰にも迷惑をかけずに、あなた自身の評判も落とさずにすみます。


しかし、「それではイヤだ！　何としてでもハイパー・バズフレーズを活かしたい！」

そう考えるのなら、もうひとつの方向を選ぶしかない。

それは、新たに学んで、弱点を強化するということです。


本当に集客に寄与する、チラシづくりのノウハウを改めて学ぶのも良し。

再度、あなたのノウハウを実験して、確実なデータで立証するのも良し。

要は、本物のノウハウを確立しなければ、ただの嘘つきになってしまうということです。

新規事業の提案力も同様です。

確たる自信が持てないのなら、クライアントにお願いして、実験的に新規事業を立ち上げてもらう。あるいは自分自身の事業として実行しても良いでしょう。

そうして成功のノウハウを蓄積する。あるいは、あなたの弱点を埋めてくれるパートナーを見つけて、共同事業にする手もあります。

要は、「名乗った以上は、本物でなくてはいけない！」ということ。このことだけは決して忘れずにいてほしいのです。

フレーズだけでなく、自分自身も磨く！

昨今、キャッチフレーズだけはかっこよくても、実体・実力が伴わないままビジネスをスタートさせるという、良くない傾向が目立ちます。

目の前のお金を稼ぐにはそれでも良いかもしれません。しかし、長い目で見ればこれは百害あって一利なし。なにひとつ、良いことなんてありません。

ハイパー・バズフレーズは、人の心に興味や関心の火をつける言葉です。その分、相手の期待も高まります。だからこそ、実体化を忘れないでほしいのです。

第5章

ハイパー・バズフレーズのつくり方、10の法則

前章で解説したハイパー・バズフレーズの威力はご理解いただけましたか？

この章では、その威力抜群のハイパー・バズフレーズを、あなたにも簡単につくっていただける方法を教えたいと思います。

第４章の復習になりますが、ハイパー・バズフレーズとは、

①「相手＝見込み客が今、置かれている状況（ビフォー）」
②「あなたの持ち味、得意技」
③「今の状況が改善された後の望むべき状況（アフター）」

が組み合わさったものでした。

この章では、「ハイパー・バズフレーズが目指すもの＝ターゲットが求めているもの」という観点で、10の方法を教えたいと思います。

01 ドリームキャッチ法
～ターゲットの悩みを解決する〝夢〟のような方法で訴求する～

ドリームキャッチ法とは、ターゲットが考えてもいなかった、予想が及ばない〝夢〟のようなものに気づかせ、夢に向かう気持ちに火をつけてしまう方法です。

《ステップ1》
ターゲットの、今の悩み・不安・もやもやを想定します。

(例)どうして、社長の自分ばかりが苦労するんだ!

《ステップ2》
「そして、どうなりたいのだろうか?」を夢視点で想定します。

（例）社員が自発的に、ガンガン稼いでくれる会社

《ステップ3》

「それはどうして実現できるのか？」あなたが提供できる技を明らかにします。

（例）1週間で最上級のやる気を持ったスタッフに変わる米国式育成メソッド

《ステップ4》

順序を入れ替え、つなぎ文章を加えます。

（例）「どうして、社長の自分ばかりが苦労するんだ！」そんな思いを持った経営者へ！
1週間で最上級のやる気を持ったスタッフに変わる米国式育成メソッドを駆使。
社員が自発的に、ガンガン稼いでくれる会社に生まれ変わらせます。

02 ノウハウ獲得法
～ターゲットが欲しいノウハウで訴求する～

ノウハウ獲得法は、ターゲットにとって、「喉から手が出るほど欲しかった何か」を提示します。

《ステップ1》
ターゲットの、今の悩み・不安・もやもやを想定します。

（例）どうしても売れるセールスレターが書けないとお悩みのあなたへ！

《ステップ2》
そして、「何が手に入るか？」を提示します。

（例）あなたも真似するだけでバカ売れコピー名人です！

《ステップ3》

それはどうして実現できるのか？　あなたが提供できる技を明らかにします。

（例）売れるコピーが次々に書ける独自の「5ステップライティング」を駆使！

《ステップ4》

順序を入れ替え、つなぎ文章を加えてます。

（例）どうしても売れるセールスレターが書けないとお悩みのあなたへ！
売れるコピーが次々に書ける独自の「5ステップライティング」を駆使！
あなたも真似するだけでバカ売れコピー名人です！

03 苦労軽減法

～「苦労しなくてすむ」方法で訴求する～

苦労軽減法は、「もう苦労はしたくない！」という強い思いを持つターゲットに、「こうすれば苦労なしでやれるよ！」と気づかせる方法です。

《ステップ1》

ターゲットの、現在の苦労を想定します。

(例)練習しても練習しても、ゴルフで100を切れないと悩むあなたへ！

《ステップ2》

苦労がなくなった時点の状態を指摘します。

（例）どんなコースでもラクラク80台が出せる、気持ちよいゴルフライフを。

《ステップ3》

それはどうして実現できるのか？　あなたが提供できる技を明らかにします。

（例）ピッチングウェッジ一本で、アプローチはピタピタ。驚異の寄せ技術。

《ステップ4》

順序を入れ替え、つなぎ文章を加えます。

（例）練習しても練習しても、ゴルフで100を切れないと悩むあなたへ！
ピッチングウェッジ一本で、アプローチはピタピタ。驚異の寄せ技術。
どんなコースでも、ラクラク80台が出せる、気持ちよいゴルフライフを。

04 ブレークスルー法
～難局を一気に打開する方法で訴求する～

ブレークスルー法は、頭打ちの現状を脱して、「一気にブレークスルーしたい！」というターゲットに、「こうすれば一気にブレークスルーできるよ！」と気づかせる方法です。

《ステップ1》
ターゲットの現状を想定します。

（例）「毎月あと100万円稼げれば、安泰なのに！」という経営者へ！

《ステップ2》
見事にブレークスルーが実現できた状態を共有します。

（例）売り込まなくても、やりたい仕事が向こうからやってくる、ワクワクな日々。

《ステップ3》

そのブレークスルーを起こすのはどんなやり方か、あなたが提供できる技を明らかにします。

（例）たった3つのことを一日3分やるだけで、売上50％アップ実現。

《ステップ4》

順序を入れ替え、つなぎ文章を加えます。

（例）「毎月あと100万円稼げれば、安泰なのに！」という経営者へ！
たった3つのことを一日3分やるだけで、売上50％アップ実現。
売り込まなくても、やりたい仕事が向こうからやってくる、ワクワクな日々。

05 駆け込み寺法

～どん詰まり状態にある相手の心理に踏み込んで訴求する～

駆け込み寺法は、「打つ手がない！」「これ以上何をやれって言うんだ！」という、どん詰まりの方に向けて、「これこそが最終手段だよ！」「信じていいよ！」と語りかけるアプローチです。

《ステップ１》

ターゲットの、どん詰まり状態を想定します。

> （例）販売員教育をし尽くした、もう打つ手が思い浮かばない責任者の方へ！

《ステップ2》

見事に問題解決ができた、成果につながった状態を見せます。

（例）「またあの人に会いたい！」と思わせるスタッフが続々育ちます！

《ステップ3》

その問題解決はどんな方法に裏打ちされているのか。あなたが提供できる技を明らかにします。

（例）「叱らなくても、指導しなくても、スタッフが勝手に育つメソッド！」を駆使。

《ステップ4》

順序を入れ替え、つなぎ文章を加えます。

（例）販売員教育をし尽くした、もう打つ手が思い浮かばない責任者の方へ！

「叱らなくても、指導しなくても、スタッフが勝手に育つメソッド！」を駆使。
「またあの人に会いたい！」と思わせるスタッフが続々育ちます。

06 チャレンジ促進法

～プラス思考の意欲的な相手の心をさらに燃やしてあげる～

チャレンジ促進法は、「もっと、もっと新たなやり方にチャレンジしたい」という人に、「今、抱えている課題は何ですか？」と問いかけます。

《ステップ1》

課題を想定して、ズバリ切り込みます。

(例)ブログで新規の集客を獲得をしたい経営者専門！

《ステップ2》

そのチャレンジが成功した時点の状態を共有します。

（例）文章が書けなくても、書く時間がなくてもブログでガンガン集客できます！

《ステップ3》

「どんなやり方でその状態を実現するのか？」を宣言します。

（例）過去に72社の成功をサポート！　集客ブログ代行専門ブログライターです。

《ステップ4》

入れ替えて、つなぎ言葉を加えます。

（例）ブログで新規の集客の獲得をしたい経営者専門！
過去に72社の成功をサポート！　集客ブログ代行専門ブログライターです。
文章が書けなくても、書く時間がなくてもブログでガンガン集客できます！

07 気づき法

～相手の意表をついて、その気にさせる～

「気づき法」は思いも寄らない提案で、「それ、ぜひやりたい！」と気づかせる手法です。

《ステップ1》
基本的な思いを共有します。

（例）もっと成長したい工務店専門

《ステップ2》
「あ、それやりたいかも」とターゲットの自覚していなかった面を指摘、共有します。

（例）紹介客続々創出コンサルタント

《ステップ3》
独自の方法論を提示します。

（例）紹介受注8割の仕組みづくりが得意！

《ステップ4》
並べ替えて、つなぎ言葉を加えます。

（例）もっと成長したい工務店専門
紹介受注8割の仕組みづくりが得意！
紹介客続々創出コンサルタント。

08 短期成就法

～時間に追われててんぱっている相手に実現方法を提示して訴求する～

「短期成就法」は、「とにかく急ぐ！」「時間がない！」という方に向けて、「大丈夫、その期間で実現できる方法があるよ！」と伝える方法です。

《ステップ1》
どのくらい急いでいるか？　を提示します。

（例）3カ月で一通りのビジネス英会話スキルを修得しなければいけない方へ！

《ステップ2》
それが実現できた時点での快適さを提示します。

（例）外国人とも気持ちよく話せ、ビジネスが好転する日々がやってきます。

《ステップ３》

どうすればそれが実現できるのか？　その確かな方法論を提示します。

（例）過去に２０００人以上の「英語話せない！」を「できた！」に変えた◯◯速習法。

《ステップ４》

並べ替えて、つなぎ言葉を加えます。

（例）３カ月で一通りのビジネス英会話スキルを修得しなければいけない方へ！
過去に２０００人以上の「英語話せない！」を「できた！」に変えた◯◯速習法。
外国人とも気持ちよく話せ、ビジネスが好転する日々がやってきます。

09 シークレット法

～周囲の人に知られずに、こっそりと実現したいと思っている相手に訴求する～

シークレット法は、「周囲の人に知られずに、こっそりと実現したい」という場合に有効なやり方です。

《ステップ1》
「こっそりやりたい」という思いに共感してあげるところから始まります。

(例)「知り合いに気づかれずにダイエットしたい！　でも一人では頑張れない」という方へ。

《ステップ2》

それが実現できたあとの気持ちよさをイメージさせます。

(例)久しぶりに友だちと会いたくて会いたくて仕方なくなる、きれいになったあなた。

《ステップ3》

それが実現できる根拠を提示します。

(例)マンツーマン・シークレットダイエット虎の穴！　出入り口はレストランの裏口です。

《ステップ4》

並べ替えてみましょう。

（例）「知り合いに気づかれずにダイエットしたい！　でも一人では頑張れない」という方へ。

久しぶりに友だちと会いたくて会いたくて仕方なくなる、きれいになったあなた。

マンツーマン・シークレットダイエット虎の穴！　出入り口はレストランの裏口です。

10 コストパフォーマンス訴求法

～とにかく価格で訴求する～

コストパフォーマンス法は、とにかくリーズナブルであることをハッキリと伝える方法です。

《ステップ1》

まずは「どれだけ安いか？」を提示します。

（例）店でも、ネットでも、とにかく調べてください。当社よりも安い店はあり得ません。

《ステップ2》

購入後のハッピーな状態をイメージしてもらいます。

（例）「買い物上手、地域ナンバーワン」と呼ばれますよ！

《ステップ3》

それが実現できる理由・根拠を見せます。

（例）工場から直接届く。しかもあらゆる価格を調べて、それよりも安く設定。努力が違います！

《ステップ4》

並べ替え、少し文章を整えてみます。

（例）店でも、ネットでも、とにかく調べてください。当社よりも安い店はあり得ません。

工場から直接届く。しかもあらゆる価格を調べて、それよりも安く設定。努力が違います！

だから「買い物上手、地域ナンバーワン」と呼ばれますよ！

第6章

バズフレーズをつくるための簡単エクササイズ

最後に、私、中山マコトがバズフレーズをつくるためにやってきた訓練法をご紹介しましょう。

訓練といっても、そんなに肩肘張ったものではなく、写経のように心を無にして取り組むものでもありません。

言ってみれば、日常のちょっとした情報とのふれあいから、知らないうちに書くチカラ、発想力が磨かれていく。そんな方法です。

私の教え子や弟子、仲間たちが、この方法でどんどんバズフレーズを生み出すチカラを鍛えています。そして、成果につなげています。

ぜひ、あなたに合ったやり方を選んで、チャレンジしてみてください。

01 女性雑誌の特集記事を読む

～流行の最先端を、女性の感性からつかむ～

男が女性の感性を知るには

私は雑誌をかなりたくさん読みます。とくに、女性向けの雑誌はピーク時には20冊くらい購読していました。いい年したおじさんが電車のなかでこうした雑誌を読んでいるのですから、ちょっと不気味だったかもしれませんね。

では、私はなぜ、そうした女性向け雑誌を積極的に読んでいたのでしょうか？

答えは……、女性の気持ちを知りたかったからです。

私は男性です。ですから男の気持ちはかなり理解できます。推測もできます。だから男性向けのマーケティングテーマを与えられれば、自信満々で立ち向かうことができるわけです。

しかし、女性向けのマーケティングの場合、そうはいきません。

女性心理の深いところまではどうしても理解できない。仮にわかったつもりでいるならば、それは大きな間違いであり、奢りです。

なかでも、若い女性たちの感性とかライフスタイルは最も遠い部分です。

ですから、情報を得るために、少なくとも女性たちの心の一端だけでも垣間見えるように雑誌を読むのです。

女性雑誌には情報と感性が凝縮されている

では、なぜ雑誌なのか。

答えは簡単です。雑誌には新しい情報とビビッドな感性が凝縮されているからです。

ざっくり言うと、雑誌は編集者とライターによってつくられます。そして、こうしたファッション誌の編集者やライターは、常に新しい情報が集まってくる場にいます。つまり、新情報の宝庫なのです。

したがって、彼女や彼らがつくる雑誌はいつも新しい。「ニュー」の集まりです。

そのなかでも最も新しい情報が集結する場所が巻頭特集です。

これから来そうなトレンド、すぐにピークを迎える流行。未来への萌芽。

そうした最新情報が多く集まるのがこの巻頭特集なのです。

しかも巻頭特集には、編集者やライターが思いをつぎ込んだ、キラキラした言葉やフレーズがたくさん溢れています。競い合っています。

そのキラキラした言葉やフレーズを追いかけているだけで、こちらもワクワクしてくるのです。

流し読みでもオーケー、飛ばし読みでもオーケー。こうしたキラキラした言葉を目に焼き付けてください。

バズフレーズを生み出すには、すご～く役に立つ情報です。

広告には売れる秘訣が隠されている

それからもうひとつ。

雑誌のとても重要な部分が広告です。

人気の雑誌は、広告掲載料が半端なく高いです。見開きで数百万円することもザラです。

企業がそのような高額な広告費を使っても、雑誌に広告を掲載する理由は何でしょうか？

そう、商品が売れるからです。

その雑誌に広告を載せると売れる。だから各社とも高額を投じて広告を出稿します。

加えて、広告を出稿する雑誌は、通常、複数誌にわたります。いくつもの雑誌に、同じ内容の、同じ商品の広告がたくさん掲載されているということです。

ということは……その広告は稼いでいるということです。

お金を持ってきてくれる広告だからこそ、何誌にも掲載できる。

つまり、売れる秘訣、稼ぐポイントがその広告に隠されているということになります。

その秘訣を盗んでください、見つけ出してください。

場合によっては、広告の資料請求欄から申し込んでみたり、サンプルを取り寄せてみたり。

そうすることで、売れる秘密の一端に触れることができます。

広告を吟味し、「あ、このフレーズでみんな気持ちが動いちゃうんだな！」とか、「こういう表現が、女性の心をつかむんだな！」という「ツボ＝勘所」が見えてきます。
この手法、本当に有効なので、ぜひやってみてください。

02 インターネットの質問サイトをチェックする

～素人目線での質問は、バズフレーズのネタの宝庫～

質問サイトには質問者の「悩み」が載っている

インターネットの質問サイトってありますよね。「Ｙａｈｏｏ！知恵袋」とか、「教えて！ｇｏｏ」とかです。素人さんが素朴な疑問から深い悩みまでを質問し、それに回答者が答えるという仕組みです。

この質問サイト、実はバズフレーズを考えるのに最高の道具なのです。

では、どう使えば良いのでしょうか？

それは「質問に注目！」です。

ややもすると、面白い回答に目が行きがちですが、実は素人さんの質問にこそ、バズフレーズを考えるための材料がたくさん隠されているのです。

あなたも一度、その質問をまとめてみてください。

たとえば、年金に関する質問を探してみると、いくらでも出てきます。

これがバズフレーズの宝庫なのです。

あなたが仮に、年金問題にとても強いコンサルタントだとすると、

「あ〜、こんなことで悩んでいる人がいるのか？　こんな簡単なことすら知らないのか？

こんなに深い悩みがあるのか？」など、一般の人の悩みそのものに触れることができるわけです。

ということは、その質問をそのままバズフレーズに使うことができます。

そして、「その悩みを解決できる人ですよ〜、私は！」と宣言してあげれば、それだけで
「〇〇で悩んではいませんか？」って。

あなたを頼る人が寄ってくるはずです。

これが質問サイトの使い方です。

あなたの専門領域に応じて質問サイトを検索し、そこで数が多くまとまっている質問は、
そのままニーズになるということです。このリサーチ法、ぜひ身につけてください。

03 周囲の人たちの話し声に耳を澄ます

～身の回りにある〝鉱脈〟を探し当てる～

あのユーミンがやっていたこと

ユーミンこと松任谷由実さんは、はるか昔の荒井由実時代に横浜の山手にあったドルフィンというカフェで日がな一日、周囲の人の話す内容を聞いていたそうです。人間観察であり、ヒントの探索ですね。

その方法で手に入れた言葉から、実に多くのヒット曲が生まれたと言います。

そう、人の会話はヒントの宝庫、バズフレーズを考えるネタの鉱脈なのです。

しかしながら、私の周囲を見ていると、あまりにも周りの声に無頓着な人が多すぎます。

いいえ、声だけでなく、態度や行いなどにも多くのヒントが隠されているにもかかわらず、気にしてもいないし、気づいてもいません。これ、もったいなさ過ぎです。

コンビニで体験したこと

私の経験で言えば、あるコンビニエンスストアでのことです。二人はコンビニのスイーツコーナーにいました。

小学校低学年くらいの女の子とそのパパの会話です。

パパが娘に、「○○ちゃん、今日はよく頑張ったから、ご褒美にケーキ買ってあげるよ！好きなのを選んでいいよ！」みたいなことを言います。娘さんは、「わ〜い！」という感じで、選び始めました。

それから数十秒経った頃でしょうか。その娘さんがこう言ったのです。「このお店、可愛くてキレイなケーキがないんだもん、他のお店に行く！」と。そうして二人は店を出て行ってしまいました。

売り場に華やかさがなかった、キレイで可愛いケーキがなかった。だから選ばれなかった。それはそうなんですが、私がショックを受けたのは、その二人が会話している場所からほんの2メートルくらいの場所で、スタッフが棚に品出しをしていたことです。

どう考えても、この二人の会話は聞こえていたはずです。そして、その聞こえてくる会話をベースに、スイーツ売り場を改変すれば、もっともっと売れる売り場が、売れるマーチャンダイジングが可能になったはずです。

しかし、その品出しをしている男子スタッフは、その会話を一切聞いていませんでした。

これ、大きな大きなチャンスロス。実にもったいないです。

しかし、これに類することって、実はそこいら中にあるのです。

要は、周囲に目を、耳を、気持ちを配っていない。

だから大事な大事な、そしてありがたい情報に気づかない。

本当に大きな損失だと思います。

こうした周囲に溢れるヒントは、すべて無料で手に入ります。ユーミンの例ではないですが、うまくすれば1円も使わずに、巨額の利益を呼び込んでくれます。

これもバズフレーズのひとつのあり方です。

もっともっと周囲に隠れている鉱脈を掘り起こす努力をしてほしいものです。

おわりに

ビジネスに携わる者にとって今後最も求められるのは「ライティングの能力だ！」と、成功者の多くが言っています。

これはもう、まさにそのとおりです。

もう少し突っ込んだ言い方をすれば、「人の気持ちを言葉で動かすチカラ」です。

しかし、実際にそれができている人がどのくらいいるのかといえば、正直、お寒い限りと言わざるを得ないでしょう。


少し冷静に考えればすぐにわかると思うのですが、書くことを無視したビジネスはありません。

私自身、独立起業して以来、ずっと言葉に囲まれて生きてきました。

言葉のチカラで自らを定義し、言葉のチカラで自らをアピールし、言葉のチカラでクライアントを見つけ出し、言葉のチカラで人脈を構築してきました。

収入の柱である、広告の企画、コピーライティング、企画書作成、本の執筆等々……。

ベースにあるのはすべて言葉のチカラです。

独立当初、右も左もわからずに右往左往していた私を、胸を張ってフリーランスとして生きていけるように仕立ててくれたのも言葉でした。

そう、言葉は人を救うチカラを持っているし、世の中を変えるチカラを持っているのです。


しかし、どうも周囲を見回すと、言葉のチカラに対するリスペクト、あるいは本気度が足りない人が多いように見えます。

もう少し強く、もう少し深く、もう少し鋭く。

自分の発する言葉に、ほんの少し工夫を加えるだけで、一気にビジネス環境が変わるのに、見える景色が変わるのに、それをしないでいる人のなんと多いことか。

もったいない、もったいない、の一言です。


その〝もったいない〟を一つでも減らしたくて、私はこの本を書きました。

この本は私にとって47冊目に当たる本です。

これまでもコピーライティング、文章術、言葉に関する本をたくさん書いてきました。

しかし、「1行のチカラ！」に絞って一冊丸ごと書いたのは今回が初めてです。

言葉のチカラは偉大です。

その偉大な言葉を駆使すれば、まさに〝思いもかけない〟チカラを発揮してくれます。それがバズフレーズです。

この本を読んで、あなたが言葉のチカラに目覚め、バズフレーズを駆使できるようになっていただければ、これほどうれしいことはありません。

ぜひ、あなただけのバズフレーズを見つけ、ビジネスを、見える景色を変えてください。お願いします。


そろそろ暖房が欲しくなる10月の終わりに。

中山マコト

【著者紹介】

中山マコト（なかやま・まこと）

ビジネス作家兼コミュニケーション実現アドバイザー
伝わる言葉研究者兼コピープランナー
マーケティングシンクタンクの設立に参加後、マーケティング、販売促進、広告制作に携わる。小売業、飲食業、サービス業などの売り上げ強化に手腕を発揮し、2001年に独立しフリーランスへ。独立起業以来、広告・販促プランナー、コピーライターとして、大手広告代理店、大手製薬メーカー、食品メーカー、飲料メーカー、日用雑貨メーカー、コンビニチェーン本部など、多くの国内外の有力企業をクライアントとして手がけ、伝わる言葉を駆使した販促、集客の手腕に定評がある。
著書は『「バカ売れ」キャッチコピーが面白いほど書ける本』（KADOKAWA）、『「バカウケ」キャッチフレーズで、仕事が10倍うまくいく』（学習研究社）、『フリーで働く！と決めたら読む本』（日本経済新聞出版社）、『副業で稼ぐ！と決めたら読む本』（日本実業出版社）、『仕事は名刺と書類にさせなさい！』（講談社）、『そのまま使える「爆売れ」コピーの全技術』（かんき出版）、『「伝えたつもり」をなくす本』（総合法令出版）など47冊を数える。

〈公式サイト〉
https://www.makoto-nakayama.com/

ブックデザイン：大口太郎
本文DTP：横内俊彦
校正：矢島規男

バズる1行

2019年12月21日　初版発行

著　者　中山マコト
発行者　野村直克
発行所　総合法令出版株式会社
〒103-0001　東京都中央区日本橋小伝馬町15-18
ユニゾ小伝馬町ビル9階
電話 03-5623-5121（代）

印刷・製本　中央精版印刷株式会社

落丁・乱丁本はお取替えいたします。

ISBN 978-4-86280-724-3
総合法令出版ホームページ　http://www.horei.com/